珍藏本
纪念版

汉译世界学术名著丛书

用商品生产商品

——经济理论批判绪论

〔英〕斯拉法 著

巫宝三 译

商务印书馆
SINCE 1897 The Commercial Press

2017年·北京

Piero Sraffa

PRODUCTION OF COMMODITIES BY MEANS OF COMMODITIES

Prelude To A Critique Of Economic Theory

Cambridge, 1960

汉译世界学术名著丛书
（120 年纪念版·珍藏本）
出 版 说 明

2017 年 2 月 11 日，商务印书馆迎来 120 岁的生日。120 年前，商务印书馆前贤怀揣文化救国的理想，抱持"昌明教育，开启民智"的使命，立足本土，放眼寰宇，以出版为津梁，沟通中西，为中国、为世界提供最富智慧的思想文化成果。无论世事白云苍狗，潮流左右激荡，甚至战火硝烟弥漫，始终践行学术报国之志，无改初心。

迻译世界各国学术名著，即其一端。早在 20 世纪初年便出版《原富》《天演论》等影响至今的代表性著作，1950 年代后更致力于外国哲学和社会科学经典的译介，及至 1980 年代，辑为"汉译世界学术名著丛书"，汇涓为流，蔚为大观。丛书自 1981 年开始出版，历时三十余年，迄今已推出七百种，是我国现代出版史上规模最大、最为重要的学术翻译工程。

丛书所选之书，立场观点不囿于一派，学科领域不限于一门，皆为文明开启以来，各时代、各国家、各民族的思想与文化精粹，代表着人类已经到达过的精神境界。丛书系统译介世界学术经典，引领时代思想，为本土原创学术的发展提供丰富的文化滋养，为推动中国现代学术和现代化进程做出了突出的贡献。

为纪念商务印书馆成立120周年，我们整体推出"汉译世界学术名著丛书"120年纪念版的珍藏本，寄望既利于文化积累，又便于研读查考，同时向长期支持丛书出版的译者、编者和读者致以敬意。

两甲子后的今天，商务印书馆又站在了一个新的历史时间节点上。我们不仅要铭记先辈的身影和足迹，更须让我们的步伐充满新的时代精神。这是商务人代代相传的事业，更是与国家和民族的命运始终紧密相连的事业。我们责无旁贷，必须做好我们这代人的传承与创造，让我们的努力和成果不仅凝聚成民族文化的记忆，还能成为后来人可以接续的事业。唯此，才能不负前贤，无愧来者。

商务印书馆编辑部

2017年10月

中译本前言

斯拉法(1898—1983)的《用商品生产商品》这本书在 1960 年出版,距今已有 30 年,中译本初版于 1963 年,距今亦近 30 年。这是一本薄薄的总共只有 98 页(中译本亦只有 99 页)的经济理论著作,在出版后 30 年中一直受到经济学家的重视,阐述和讨论它的论著不断出现。有的经济学家甚至认为斯拉法在这本书中提出的理论,是对新古典学派经济理论的第二次革命,是一本划时代的著作,但也不是没有相反的意见。因此,这本书是值得我国经济理论界注意和对它进行研究的。趁此书再版之时,译者现对此书理论要点略作介绍,供读者参考。

这本书的经济理论有一显著特点,就是在基本理论上,它返回到从重农主义到李嘉图的古典学派经济理论传统。它不是如同新古典学派的理论,在生产规模改变和生产要素组成比例改变的假定下论证供需关系的均衡,而是研究一个经济体系的各生产部门在生产方法不变的条件下日复一日地、周而复始地进行生产的基本状态。这本书的书名《用商品生产商品》,就表明了斯拉法如同古典学派一样把生产视为一种循环过程。斯拉法在此书附录《参考文献》中,明确指出魁奈的《经济表》图式所表明的是生产的循环过程,李嘉图挑出谷物作为对它自己生产和对所有其他商品生产都需要的一种产品(本书第96页),就是斯拉法此书所遵循的传统的最好说明。从这个基本点出发,这本书所阐述的经济理论,就必然与新古典学派形成尖锐的对立。

李嘉图认为,确立社会产品在各阶级间分配的法则,是政治经济学的主要问题,并以这一问题作为他的理论体系的中心,进而考察作为分配学说基础的价值学说。斯拉法与李嘉图相同,也是把工资与利润在国民收入中占有的相对份额以及这种相对份额的改变对于利润和商品价格的影响,看作他研究的中心问题,并为了充分说明这一问题,进而研究社会产品和剩余产品的生产,在生产中劳动与生产资料的比例对于商品相对价格的决定作用,剩余产品的分配以及这种分配的改变对于利润率和商品相对价格的影响,等等。在这些问题的研究上,斯拉法基本上遵循李嘉图的传统,但加进了新的分析方法,并在理论上有所发展。其最主要之点是,斯拉法充分论证了不同生产部门生产产品时使用的劳动和生产资料的比例不相等对于研究商品相对价格差异的极端重要性。他指出,一种商品("基本产品"),在本生产部门是产出的产品,在其他部门则是投入的生产资料,在这一生产部门是投入的生产资料,在其他生产部门则为产出的产品。因此,不同生产部门生产产品,固然有使用的劳动和生产资料的比例不相等的问题,但它所使用的生产资料本身在被生产时也有使用的劳动和生产资料的比例不相等的问题,以至于在生产中众多层次的生产资料的生产都有这种比例不相等的问题。"其结果是,两种产品相对价格的变动,不但取决于它们各自生产时所使用的劳动对生产资料的比例,并且取决于这些生产资料本身被生产时所使用的比例,还取决于这些生产资料的生产资料被生产时所使用的比例，等等。（本书第17页）”其次，在国民收入或称社会纯产品中，工资的升降直接影响利润在其中所占的份额，随之直接影响利润率的高低。在统一的利润率条件下，各生产部门所需支付利润的数额，常取决于所使用的生产资料的价值总额。因此，工资与利润分配份额的改变，必然要影响利润率，而由于各不同生产部门所使用的劳动与生产资料的比例不相等，利润率的变动不能不影响各生产部门生产商品的相对价格。简言之，即分配关系的变动，不能不影响利润率；而利润率的变动，不能不影响生产部门所需支付的利润数额，因而不能不影响商品相对价格。这就是斯拉法“要在生产方法仍然不变的假定下，观察工资变动对于利润率和各种商品价格的影响”（本书第13页）所做的一些分析。

斯拉法的分配理论是与新古典学派的理论对立的。在他的理论体系中，工资是自变量，是在生产体系以外决定的。货币工资率的变动，是由一个国家历史上所形成的工资水平以及国内劳资双方协议力量的对比等决定的。至于实际工资率的变动，则与物价和货币购买力变动以及收入分配相对份额有关。再说利润，它是社会纯产值，即国民收入，扣除工资后的余额，利润率是这个余额与生产所使用的生产资料总值的比率。给定了工资，利润和利润率即可随之而求出。因此，利润率也可以从生产体系以外决定，特别是可以为货币利息率所决定。斯拉法根本否定新古典学派边际生产力论所谓边际产品的理论。边际生产力论认为在生产方法改变的条件下，增加一个单位的劳动或资本，因而增加了产量、产值，最后增加一个单位劳动或资本所增加的产量、产值，就决定了工资率或利润率。斯拉法认为在生产方法不变的条件下,生产日复一日地进行,“不但很难找见一个要素的边际产品(或者换一种说法,一种产品的边际成本)——干脆在那里就找不见”(本书第 1 页)。如果认为这种论证是基于不同的前提条件,不能以此非彼,那么,斯拉法还提出另外很坚强的理由。斯拉法认为生产资料多种多样,它们的耐用性大不相同,如果不用它们的价值计算,就不可能总计多种生产资料为一个资本总量。而如果要计算它们各个的价值,就非先知道利润率不可。例如厂房设备的资本价值,通常是按它的预期收益用现行利润率(利息率)折算的。若如边际生产力论者所说,利润率决定于厂房设备(资本)的边际产值,这岂非是以利润率决定利润率的循环论吗?但若按斯拉法的分析,商品生产价格是按直接劳动消耗费用和按利润率计算的各项生产资料消耗的价值计算的,如果把生产资料还原为各个有时期的劳动项目,也要用利润率计算这些有时期的劳动项目的价值。这也就是说,各项生产资料不可能作为一项单一的资本量,并用它来决定价格和分配份额(参阅本书第 41 页)。斯拉法的这些论述,对于新古典学派边际生产力论的批驳,可以说是结论性的。斯拉法关于工资与利润在国民收入分配中的相互消长关系,表明了资本主义社会中两大阶级的矛盾关系,关于工资与利润的决定,取决于外部条件的理论,具有政策措施的涵义,不过斯拉法对此没有明白申述。

斯拉法为了论证分配关系的改变确实是商品相对价格改变的主要原因,他提出如何能找到“一种不变的价值尺度”来计量商品价格变动的问题。因为,如他所说,“任何特殊的价格变动,究竟是起于被计量的商品的特殊性,还是起于计量标准的特殊性,无法说定"(本书第19页)。这里所说的特殊性,就是各种商品生产所使用的劳动对生产资料的比例不相等。例如用黄金作为计量标准,黄金生产本身也有这种比例的特殊性。这是一个老问题,李嘉图早就提出了。李嘉图因未能解决这个问题而感到困惑。斯拉法为设法解决这一问题,作出了独出心裁的论证。他认为关键问题是设法寻找一种计量标准,它本身确实不具有这种比例的特殊性。他从李嘉图的"中数"概念得到启示,从"平衡商品"逐步推导出一种"标准商品",这种商品生产的比例和它们参加生产资料总量的比例是相同的,因而纯产品对生产资料数量的比率也是相同的,并且标准商品各层生产资料的生产都存在相同的比例。在这种规定下,标准商品相对于其他商品的价格,在工资变动时所受到上升或下降的影响,只会产生于正在和它比较的商品的生产特殊性,而不会产生于它自身(参阅本书第20页)。这样,标准商品就成为一种不变的价值尺度,它在工资变动时可以作为其他商品具有不同"比例"而产生价格变动的测量器。同时,因为各种产品与生产资料的比例是相同的,利润率是统一的,它还表明利润率的改变不影响商品的相对价格,除非商品具有不同的"比例"。

斯拉法书中还有在论证以上问题时关于劳动价值学说和生产价格学说的新颖表述以及数学方法等内容,在此不一一备述了。

经济理论界对于斯拉法此书的意见不尽相同。有的经济学家对他的理论持怀疑或否定态度,特别是追随新古典学派的一些经济学家。他们认为斯拉法所阐述的多是过时的观念,对半个多世纪以来新发展的经济活动分析置之不顾,如在他的理论体系中,就找不到需求理论的地位。但经济学家对此书评论的主流,还是肯定的。肯定来自两个方面,一来自所谓凯恩斯左派即新剑桥学派的经济学家,另一来自西方马克思主义经济学家。前者完全肯定斯拉法的分配理论,认为它可以补充凯恩斯理论在分配论方面的不足,并予新古典学派边际生产力论以有力的打击。斯拉法虽然没有参加新剑桥学派的活动,没有把自己的理论和凯恩斯的理论结合起来,但新剑桥学派的学者已经把二者结合起来了,理论界一般都把斯拉法列为新剑桥学派主要理论家之一。另一方面,西方马克思主义经济学家认为斯拉法用劳动价值来说明商品的相对价值和剩余产品,他对价值转化为生产价格的论证,解决了理论界一向存在的争议,因此认为,斯拉法的理论是同马克思的经济学说相结合的。对于以上这些意见,经济学界仍在继续讨论,目前还很难做出定论。应该说,斯拉法这本书,文字简约而义理精深,是当代经济理论少数重要著作之一,它成为理论界讨论的一个热点是十分自然的。

最后,关于中译本译文,这次趁再版机会,对于以前译文中存在的不顺、不妥及失误之处,就已发现者作了修改。在这方面,胡代光教授、王宏昌教授、史晋川教授都热情地提出了很多宝贵意见,对于这次修改有很大帮助,在此特表示谢意。

巫宝三

1990年10月

目　录

第二编 多种产品生产部门和固定资本

第三编　生产方法的转变

附　　录

序　　言

凡是习惯于按照供需均衡理论思维的人，在读这本书时，也许会设想，书中的论证是以所有生产部门收益不变这一个暗中假定为基础的。如果认为这样一种假定是有帮助的话，读者用它作为一个暂时的研究假说，也没有害处。可是，事实上没有做这样的假定。书中没有研究产量的改变，并且（无论如何在第一编和第二编中）没有研究一个生产部门所使用的不同生产资料的比例的改变，因此不发生收益改变和不变的问题。这本书专门研究一个经济体系的那些性质，它们不取决于生产规模和“要素”比例的改变。

这个论点，是从亚当·斯密到李嘉图老的古典经济学家的论点，在“边际”方法出现以后，它被淹没和遗忘了。道理甚为明显。边际分析要求把注意力集中在改变上，因为如果在一个生产部门规模上或在“生产要素比例”上没有改变，就既不能有边际产品，也不能有边际成本。在一个体系中，如果生产在这些方面日复一日地继续不变，就不但很难找见一个要素的边际产品（或者换一种说法，一种产品的边际成本）——干脆在那里就找不见。

但是，必须留心避免把假性的“边际”错看成真性的。在这本书中会碰到不少例证，初看起来似乎和边际生产的例证并无区别；但是假性例证的确实标记，是所需要的那种改变不存在。最熟知的情形，是农业中不同肥沃土地并行耕种时“边际土地”的产品；在这一点上，我们只需要引证纯边际理论家维克斯提德(P. H. Wicksteed)的文章就行了，他谴责那样使用“边际”这个术语，是“可悲的混乱”的来源。①

预先假定不变收益的尝试，并不完全出于好奇。在许多年前著者开始这些研究时，他自己就体验到这种假定——并且这种假定引导他在1925年设法论证，只有不变收益的情形才一般地适合于经济理论的前提。更有进者，在1928年当凯恩斯勋爵读了这本著作的开卷命题初稿时，他建议如果不假定不变收益，应当对那种意义特别预先说明。

这些暗示附带地多少表明写作如此短的一篇著作用了如此长的时间的原因。虽然中心命题在二十年代后期已经形成，但个别论点，例如标准商品、联合产品和固定资本，则在三十年代和四十年代早期才得到解决。在1955年以后一段期间，从大堆旧的札记当中编写此书时，除了对于在编写过程中显露出来的缺空进行填补而外(例如使“基本产品”和“非基本产品”的区别适应于联合产品情形)，没有增加什么东西。

在这样一段长的时期中，非常自然，别人已经不断地独立地提出和这一著作所采取的这一或那一论点相似的论点，并且已经把它们进一步加以发展，或者以不同于这一著作所采取的方向加以发展。可是，我现在发表的这套命题有一个特征，虽然它们没有对

① 《根据边际理论的政治经济学》，英国《经济学杂志》，第24卷(1914年)，第18—20页，后来这篇文章作为他的《政治经济学常识》一书的一篇附录重印出来，罗宾斯(L. Robbins)编订本(1933)，第790—792页。

价值和分配的边际学说进行任何讨论，它们仍然是为了作为批判那一学说的基础而设计的。如果这个基础站得住，那么以后可以进行这种批判，或者由著者进行，或者由年轻的和对此任务有更好准备的人进行。

在多年中贝席柯维区教授（A. S. Besicovitch）对我数学上的珍贵帮助，是我最为感谢的。我也感谢已故的拉姆西先生（F. Ramsey），感谢沃森先生（A. Watson）在不同时期对我同样的帮助。十分明显，我没有总是听从专家对我提出的意见——特别关于所用的符号，我坚决保持原样（虽然在某些方面显然授人以柄），因为这对于不熟悉数学的读者容易理解。

斯拉法

剑桥，三一学院

1959 年 3 月

第一编　单一产品生产部门和流动资本

第一章　为维持生存的生产

1. 两种产品

让我们研究一个极其简单的社会，它所生产的恰恰足以维持自己。商品由不同生产部门生产，并且在收获之后的市场上彼此交换。

假定起初只生产两种商品，小麦和铁。两者一部分用作从事生产者的食粮，其余部分用作生产资料——小麦作为种子，铁作为工具。假定在全部产品中，包括生产者的必需品在内，二百八十夸特小麦和十二吨铁用于生产四百夸特小麦，而一百二十夸特小麦和八吨铁用于生产二十吨铁。一年的经营结果可以表示如下：

280 夸特小麦＋12 吨铁→400 夸特小麦

120 夸特小麦＋8 吨铁→20 吨铁

生产对全社会的所有物并没有增加什么：四百夸特小麦和二十吨铁都为全社会用光，而生产出来的是这相同的数量。但是每种商品，起初按照不同生产部门的需要在它们之间进行分配，到年终则全部集中在它的生产者手里。

（我们将称这种关系为“生产和生产性消费的方法”，或者，简言之，**生产方法**。）

这里有唯一的一套交换价值，如果市场采用这些交换价值，会使产品的原来分配复原，使生产过程能够反复进行；这些价值直接产生于生产方法。在我们所举的上面例子中，所要求的交换价值是十夸特小麦对一吨铁。

2. 三种或更多产品

三种商品，或者任何数目的商品，也是如此。加上第三种产品猪：

240 夸特小麦＋12 吨铁＋18 只猪→450 夸特小麦

90 夸特小麦＋6 吨铁＋12 只猪→21 吨铁

120 夸特小麦＋3 吨铁＋30 只猪→60 只猪

保证生产全部更新的交换价值是：10 夸特小麦＝1 吨铁＝2 只猪。

可以看出，在两个生产部门的体系中，种植小麦所用铁的数量和铸铁所用小麦的数量，在价值上必然相等，而在有三种或更多的产品时，对于任何一对产品，这就不再是必然的了。因此，在上面的例子中，没有那种相等，而只能通过三角贸易进行更新。

3. 一般情形

用一般说法将上述情形重述一下。我们有商品“a”，“b”，…，“k”，每种商品由不同生产部门进行生产。

我们称 A 为每年生产的“a”的数量，B 为“b”的年产量，等等。

我们也称 A_a，B_a，…，K_a 为生产 A 的生产部门每年使用商品“a”，“b”，…，“k”的数量；A_b，B_b，…，K_b 为生产 B 的生产部门每年使用相应商品的数量，等等。

所有这些数量都是已知数。有待决定的未知数是 $p_a, p_b, \cdots, p_k$，即各种商品“a”，“b”，…，“k”每单位的价值。如果采用这些价值，就会恢复原来的生产地位。

现在出现如下的生产情形：

$$A_a p_a + B_a p_b + \cdots + K_a p_k = A p_a$$

$$A_b p_a + B_b p_b + \cdots + K_b p_k = B p_b$$

……………………………

$$A_k p_a + B_k p_b + \cdots + K_k p_k = K p_k$$

由于假定这个体系处于一种自行更新状态，上式中 $A_a + A_b + \cdots + A_k = A$；$B_a + B_b + \cdots + B_k = B$；…；$K_a + K_b + \cdots + K_k = K$。这就是说，第一直行的总数等于第一横行，第二直行的总数等于第二横行，等等。

无须假定每种商品都直接参加其他商品的生产；所以上式左方的某些数量，即生产资料一方的某些数量，可以是零。

以其中一种商品当作价值标准，使它的价格等于一。这就剩下 $k-1$ 个未知数。由于在这些方程的总量中，相同的数量出现在左右两方，因此任何一个方程可以从其他方程的加总推知。① 这就剩下 $k-1$ 个独立的线性方程，这些方程唯一地决定 $k-1$ 个价格。

① 这种公式，是以体系处于一种自行更新状态为前提的；但是在我们考察中的一切体系类型，只须改变一下个别方程在体系中的比例，就可以达到那种状态。（具有剩余的体系可以达到那种状态，在以下第 4 节讨论。有些体系在任何比例下都不能达到那种状态，并且表明即使没有一点剩余，商品的生产也不敷消费，这些是不能生存的经济体系，因此不去考虑。）

第二章　具有剩余的生产

4. 利润率

如果这种经济所生产的，多于为更新所需要的最低数量，有一种可以分配的剩余，这个体系就会自相矛盾。因为，如果我们把所有的方程相加，这样得出的加总方程的右方（即总国民产品），除包括列于左方的所有数量（即生产资料和生活用品）而外，还包括不列于左方的另外一些数量。按第 3 节所说的计算，现在有 k 个独立方程，而未知数只有 $k-1$ 个。

这个难题，不能如同分派原材料、生活用品等等一样，通过在价格决定之前分配剩余的办法，而得到解决。这是因为，剩余（或利润）必须按照每一生产部门垫支的生产资料（或资本）的比例进行分配；而在两种异种物品总量之间的这一比例（换言之，即利润率），在我们知道商品价格之前，是不能决定的。另一方面，我们不能把剩余的分配推迟到价格决定之后，因为，我们就要说明，在求出利润率之前，价格是不能决定的。结果是，剩余分配的决定，必须和商品价格的决定，通过相同的机构，同时进行。

因此，我们增加利润率作为一个未知数（利润率对所有生产部门必须划一），称为 r，这个体系就成为

$$(A_a p_a + B_a p_b + \cdots + K_a p_k)(1+r) = A p_a$$
$$(A_b p_a + B_b p_b + \cdots + K_b p_k)(1+r) = B p_b$$
$$\cdots\cdots\cdots\cdots\cdots\cdots\cdots\cdots\cdots\cdots\cdots\cdots\cdots\cdots\cdots\cdots$$
$$(A_k p_a + B_k p_b + \cdots + K_k p_k)(1+r) = K p_k$$

由于假定这个体系处于一种自行更新状态，这里 $A_a+A_b+\cdots+A_k\leqslant A$；$B_a+B_b+\cdots+B_k\leqslant B$；…；$K_a+K_b+\cdots+K_k\leqslant K$；这就是说，每一商品所生产的数量，至少等于所有各个生产部门合计起来消耗完了的数量。

这个体系，包括 k 个独立方程，这些方程决定 $k-1$ 个价格和利润率。

5. 利润率举例

作为一个例子，我们可以就第 1 节所述的两种商品情形，把小麦的生产从四百夸特增加到五百七十五夸特，而使所有其他数量不变。这就有了一百七十五夸特小麦的社会剩余，其结果为：

280 夸特小麦＋12 吨铁→575 夸特小麦

120 夸特小麦＋8 吨铁→20 吨铁

使垫支能够更新，并且使利润，能够比例于两个生产部门的垫支而分配于两个生产部门，两种商品的交换率为十五夸特小麦对一吨铁；这样，这种对应的利润率在每一生产部门是百分之二十五。

（作为一个说明，我们试对铁业进行计算。在所生产的二十吨铁中，八吨用于铁的消耗的更新，十二吨按照每吨十五夸特小麦的价格出售，因此得到一百八十夸特小麦。在这一百八十夸特小麦中，一百二十夸特小麦用于小麦的消耗的更新，六十夸特是利润。小麦和铁在铁业中用作生产资料和生活用品的总价值是二百四十夸特小麦，所以利润率是百分之二十五。）

6. 基本产品和非基本产品

我们一定看到剩余出现的一个结果。以前，所有商品的地位是相同的，每种商品既是产品又是生产资料；其结果，每种商品直接或间接参加所有其他商品的生产，并且每种商品在价格的决定中都发生作用。但是现在出现新类“奢侈”产品，它在生产其他产品中，既不作为生产工具之用，也不作为生存用品之用。

这些产品在体系的决定中不起作用。它们担当的角色纯粹是消极的。如果一种发明使得用于生产这种“奢侈”商品每一单位的每种生产资料数量减半，这种商品本身的价格也将减半，但是不会有更多的影响，其他产品的价格关系和利润率将不受影响。可是，如果这样一种改变出现在相反类型的一种商品的生产中，这种商品确是生产资料之一，则所有价格将受到影响，并且利润率也将改变。如果我们从体系中去掉表示一种“奢侈”品生产的方程，就不难看出这种情形。由于去掉这一方程，也就去掉仅仅出现在那个方程之中的一个未知数（那一产品的价格），其余的方程仍然形成一个能决定的体系。它将为这个较大体系的解式所满足。另一方面，如果我们去掉其他的即非奢侈品的方程之一，未知数的数目不会因此而减少，因为所说的这种商品是出现在其他方程的生产资料当中的；因此，这个体系将成为不能决定的体系。

刚才关于奢侈品的消极角色所说的话，可以很容易地扩充到那种仅仅用于自己再生产的奢侈品，无论直接地使用（例如赛马的马），或者间接地使用（例如鸵鸟毛和鸵鸟蛋），或者仅仅用于生产其他奢侈品（例如生丝）。

标准在于一种商品是否参加（无论直接地或间接地）所有商品的生产。那些参加所有商品生产的商品，我们将名之为基本产品，那些不参加的商品，名之为非基本产品。

我们将始终假定任何体系都至少包括一种基本产品。

7. 术语解释

在这一阶段需要说明，为什么满足生产条件的比率，一向叫做“价值”或“价格”，而不是像想来似乎更为合适地叫做“生产费用”。

对于非基本产品来说，用“生产费用”来表示是合适的，因为，从我们在上节所看到的论证得知，这些产品的交换比率，仅仅是对于为了生产它们而必须支付的生产资料、劳动和利润的一种反映——这里没有相互依存关系。

但是对于一种基本产品，则有另外一方面要加以考虑。这种产品的交换比率，取决于在其他基本商品生产中使用它的程度，正如取决于那些基本商品参加它自己的生产一样。（人们或许想说，“它取决于需求方的程度，正如取决于供给方一样”，但这样说会引起误会的。）

换言之，非基本产品的价格，取决于它的生产资料的价格，但是这些生产资料的价格，并不取决于非基本产品的价格。而在基本产品的情形下，它的生产资料的价格取决于它自己价格的程度，并不减于它自己的价格取决于它的生产资料的价格。

因此，一种比生产费用不大带有片面性的表述，似有必要。那些古典用语，例如“必要价格”，“自然价格”，或“生产价格”，会满足这种需要，但是我们还是用价值和价格，因为比较简短，并且在本文中（这里所说的不涉及市场价格）也不会含糊不清。

附带说明，在这本书中，不但在这种情形下，并且在一般情形下，都不用“生产费用”这个词，也不用在其数量意义上“资本”这个词，宁愿用某些令人厌烦的曲折说法。因为这些词一向不可分地和下述假定相联系，即认为这些词表示数量，而这些数量是能够独立于并且先于产品价格的决定而加以衡量的。（马歇尔的“真实成本”，和包含在边际生产率学说中的“资本数量”，可为明证。）由于这本书的目的之一，是求其不受这种假定的拘束，避用这些词似乎是不致把问题弄偏的唯一方法。

8. 生存工资和剩余工资

一直到这里，我们都把工资当作是由工人的必需生存用品所组成，因此在体系中它的地位是和引擎燃料或牲畜饲料一样。现在我们必须考虑工资的另外一面，因为，在每天的生存用品之外，工资可以包括一部分剩余产品。针对工资的这种双重性，当我们来考虑在资本家和工人之间分配剩余时，似乎应该划分工资为两个组成部分，并且只把“剩余”部分当作是可变的；至于为工人生存用的必需品，将和燃料等等继续出现在生产资料中。

可是，在这本书中，我们将不去改动传统的工资概念，并且遵从通常习惯，把全部工资当作是可变的。

这种做法的缺点是，它必然会把消费的必需品贬入非基本产品的深渊。这是由于它们在方程左方的生产资料中不再出现；因此生活必需品生产方法的一种改进，将不再直接影响利润率和其他产品的价格。但是必需品本质上是基本产品，如果在那种标签之下，它们对价格和利润不能产生影响，它们一定会以迂回的方法来产生影响。（例如规定一个限度，工资不能降低到限度以下；但这个限度本身会随着必需品生产方法的任何改进而下降，而随着这种下降，利润率将上升，并且其他产品的价格也将改变。）

无论如何，以下的讨论不难适应上面提出的对于工资更为合适而不落旧套的解释。

9. 以产品支付工资

以后我也将假定，工资作为年产品的一部分，是事后支付的。

因而废除工资是由资本“垫支”的这一古典经济学家的观念。不过我们保留一年一次的生产周期和一年一次的交换的假定。

10. 劳动的数量和质量

现在必须明确地表明每一生产部门使用的劳动数量，以代替对应的生存用品数量。我们假定劳动在质量上是一致的，或者用意义相同的话说，我们假定劳动在质量上的任何差异，已经预先化成在数量上的相同差异，因此，每一单位劳动所得工资相同。

我们称 $L_a, L_b, \cdots, L_k$ 是在生产部门中生产 $A, B, \cdots, K$ 产品分别使用的年劳动量，并且规定它们是社会全部年劳动量的各个部分，社会年劳动量等于一，所以

$$L_a + L_b + \cdots + L_k = 1$$

我们称 w 是每单位劳动的工资；和价格一样，它将用所选择的标准来表示。（参看第 12 节关于标准的选择。）

11. 生产方程

在上述基础上，方程成为下列形式：

$$(A_a p_a + B_a p_b + \cdots + K_a p_k)(1+r) + L_a w = A p_a$$

$$(A_b p_a + B_b p_b + \cdots + K_b p_k)(1+r) + L_b w = B p_b$$

……………………………………………………

$$(A_k p_a + B_k p_b + \cdots + K_k p_k)(1+r) + L_k w = K p_k$$

如同先前的情形一样，假定这个体系处在一种自行更新状态，即 $A_a + A_b + \cdots + A_k \leqslant A$；$B_a + B_b + \cdots + B_k \leqslant B$；…；$K_a + K_b + \cdots + K_k \leqslant K$。

12. 自行更新体系中的国民收入

在自行更新状态中一个体系的国民收入，是由许多商品组成

的，这些商品是从总国民产品中一项一项地除去用于更新在所有生产部门中消耗完了的生产资料余留下来的。

这许多商品的价值，或者可以称为“合成商品”，形成国民收入，我们使它等于一。因此，它成为表示工资和 k 个价格的标准。（代替任意选择的、用以表示工资和 $k-1$ 个价格的单种商品。）

所以我们有另外一个方程

$$[A-(A_a+A_b+\cdots+A_k)]p_a+[B-(B_a+B_b+\cdots+B_k)]p_b+\cdots+[K-(K_a+K_b+\cdots+K_k)]p_k=1$$

（在这个方程中，任何一种商品总量不可能是负数，这是因为在第 11 节中有自行更新条件的假定。）

和 $k+2$ 个变量比较（k 个价格，工资 w 和利润率 r），现在有 $k+1$ 个方程。

增加工资作为一个变量的结果，使变量数目现在比方程数目多一个，因此，这个体系的演算有一个自由度；如果确定了一个变量，其他变量也可以确定。

第三章　劳动对生产资料的比例

13. 工资作为国民收入的一部分

我们现在来规定工资（w）的连续数值，从一到零：这些数值表示国民收入的不同部分（参看第 10 节和第 12 节）。目的是要在生产方法仍然不变的假定下，观察工资变动对于利润率和各种商品价格的影响。

14. 全部国民收入归于工资时的价值

如果我们使 w 等于一，全部国民收入都用于支付工资，r 就没有了。实际上，这样我们就回到我们开始时的线性方程体系，不同之处在于现在明确地表明劳动数量，而不用生存必需品数量来表示。

在这种工资水平时，商品的相对价值是和商品的劳动耗费成比例的，就是说，和直接间接用于生产商品的劳动数量成比例。[①]在其他的工资水平时，价值不会真正遵从一种简单的规则。

15. 劳动对生产资料的比例的变化

从全部国民收入归于劳动的情形出发，我们设想工资减低了，一种利润率将因而产生。

工资变动造成相对价格变动的关键，在于不同生产部门中使用的劳动和生产资料的比例不相等。

显然，如果在所有生产部门中这种比例是相同的，那么，不管不同生产部门中生产资料的商品组成是如何多种多样，都不会产生价格改变。因为，在每个生产部门中，工资的同等削减，都可以产生恰好同样多的、足以按照相同的比率支付生产资料的利润，而无须扰乱现存价格。[②]

---

① 参看附录甲，关于“次体系”。

② 在这些“比例”中，生产资料必须用它们的价值来计量，但是由于价值可以随着工资的改变而改变，产生了这一问题：是用哪些价值来计量呢？回答是，就规定这些比例的相等或不相等而言（这是我们现在所讨论的一切），所有可能的各套价值都会得出相同的结果。实际上，如同我们所见到的，如果所有生产部门中的这些比例都是相等的，价值，因而比例，并不随着工资的改变而改变。从这点推知，如果在对应一种工资水平的一套价值时这些比例不相等，那么它们在任何其他套价值时也不能相等，因此，它们在所有价值时都是不相等的。

16.“赤字生产部门”和“剩余生产部门”

由于同一理由,“比例”不相等时,价格不可能仍然不变。假定工资削减了,一种利润率已经产生,价格真是仍然不变。由于在任何一个生产部门中,削减工资所节省的数额,常取决于使用工人的数目,而在统一利润率下所需支付利润的数额,常取决于所使用的生产资料的价值总额,因此,在那些劳动对生产资料的比例很低的生产部门中,在支付工资和利润时,将出现赤字,而在另一些这种比例很高的生产部门中,则将产生剩余。(这里不假定对应何种工资削减会有何种利润率;在这一阶段的全部要求是,整个体系应有一个统一的工资和统一的利润率。)

17. 一种分水线比例

劳动对生产资料有一种“临界比例”,它成为“赤字”和“剩余”生产部门之间的分水线。使用这一特殊“比例”的生产部门,会表示出一种恰好的平衡——削减工资的收入,刚好足够在一般利润率下需要支付的利润。在任何特殊体系中,不论这种“比例”的准确数值如何,可以推论说,在包括两个或更多基本生产部门的体系中,劳动对生产资料比例最低的生产部门会是“赤字”生产部门,而比例最高的生产部门会是“剩余”生产部门。

18. 恢复平衡的价格变动

因此,随着工资的削减,价格需要改变,以便在每个“赤字”生产部门中和在每个“剩余”生产部门中恢复平衡。

为了达到这个目的,首先每种产品和其生产资料之间的价格比率要发生作用。看看工资削减时一个“赤字”生产部门的情形。产品价格相对于生产资料的上涨,会有助于消除赤字,因为它让出这个生产部门总产品的某些部分，这些部分以前是用以更新现在变成低价的生产资料的；这会增加一笔作为工资或利润的分配数额。因此，价格上涨本身，会使这个生产部门用于分配的产品部分在数量上（不仅在价值上）有所增加，纵然生产方法没有改变。

产品价格相对于生产资料的上涨的进一步影响，当然会促使一定的产品量更能够达到所要求的利润率。

其次，并且和这点无关，产品价格相对于劳动越是直线上升，产品用于支付工资的数量就越小。

同样，相反方向的价格变动，会把剩余让出去，这种剩余本来是能出现在使用高“比例”的劳动对生产资料的生产部门中的。

19. 产品对生产资料的价格比率

但是并不因此可以说，一个生产部门具有劳动对生产资料低的比例（因此存在着潜伏的赤字），随着工资的削减，它的产品价格相对于它自己的生产资料必然上升。相反，很可能会下降。这一表面上矛盾的原因是，一个生产部门的生产资料本身就是一个或更多生产部门的产品，这些产品的生产，或许使用劳动对生产资料的更低比例（而后面这些生产资料的生产或许也是这样，等等）；在这种情形下，虽然产品是由“赤字”生产部门生产的，产品的价格按照它的生产资料来说，或许下降，而它的亏损，通过产品价格相对于劳动的一种特别陡势的上升，可以得到弥补。

结果是，在工资下降时，低比例（或“赤字”）生产部门的产品价格相对于它的生产资料，或许上升，或许下降，甚至或许轮换升降；而高比例（或“剩余”）生产部门的产品价格，或许下降，或许上升，或许轮换降升。我们即将看到（第 21—22 节），在整个工资变动或大或小的任何范围内，这两种产品都不能做到使其价格相对于其生产资料仍然稳定不动。

20. 产品之间的价格比率

在结束对这个题目的初步考察时，可以指出，这些考察不但支配一种产品对于其生产资料的价格关系，而且同等地支配一种产品和其他产品的关系。其结果，两种产品的相对价格变动，不但取决于它们各自生产时所使用的劳动对生产资料的“比例”，并且取决于这些生产资料本身被生产时所使用的“比例”，还取决于这些生产资料的生产资料被生产时所使用的“比例”，等等。其结果，两种产品相对价格的变动方向，随着工资的下降，也许和我们根据它们各自的“比例”所期望的相反；此外，它们各自的生产资料的价格可以这样地变动，以致完全改变这两种产品较高和较低比例的次序；并且还产生更复杂的情形，这待以后再加以阐述。

由分配改变所引起的价格变动型式，不论如何复杂，价格变动的纯结果，以及它的完全正当性，仍然是在每一生产部门中恢复平衡的简单问题。价格变动完全可以达到恢复平衡的目的，而不如此变动，就不能达到这个目的。

21. 一种再现的比例

我们现在回到上面第 17 节所述的“临界”比例，即作为“赤字”生产部门和“剩余”生产部门之间的分水线。假定有这么一个生产部门，它按照那样的准确比例使用劳动和生产资料，因而随着工资的削减，并且在原先价格的基础上，它会表现出工资和利润的一种严格平衡。再假定它使用的生产资料，作为一个总量，本身是按照那样的比例由劳动和生产资料生产出来的；最后还假定相同的比例适用于生产那些生产资料的生产资料的生产，并且同样适用于有关的以下一层层的生产资料，不论我们追溯到多远。

这一个生产部门所生产的商品的价值，当工资上升或下降时，不会由于这个生产部门本身的生产条件，而必然地发生相对于任何其他商品的上升或下降；因为，如同我们已经看到的，这种情形的必然性，只能产生于一种潜在的赤字或剩余生产部门，而在我们所述条件下这个生产部门的活动，事实上是平衡的。在任何情形下，这种类型的商品的价值，相对于它自己的生产资料总量，不会改变，因为再出现的这种相同的“比例”会同等地适用于这些生产资料。

得到这个结果，是假定了两个独立的条件的，即(1)使用“平衡的”比例，和(2)同样的比例无止境地再现于这个生产部门生产资料总量的所有连续层。不过，我们可以看出，第一个条件必然地包含在第二个条件之内，因为，下节(第22节)即将表明，在任何一个体系内，完全“再现”只有同时具有平衡比例才有可能。所以实际上只有一个条件，即“再现”条件。

22. 平衡比率和最大利润率

试图识别这种“平衡”比例的方便方法是，不用我们一直所使用的劳动数量对生产资料的不同质“比例”，而用同类数量间对应的“纯粹”比率之一。有两种这样对应的比率，即使用的直接劳动对间接劳动的数量比率，和纯产品对生产资料的价值比率。[①] 这

① 一般来说(即对不使用“平衡”比例的所有生产部门来说)，只有在价值比率按照 $w=1$ 的价值计算时，这两种比率才会一致。

里我们采用后一比率。

当所有生产部门的利润率是统一的，并且利润率只取决于工资水平的时候，一般来说，纯产品对生产资料的价值比率是因各生产部门的不同而不同的，并且主要取决于各生产部门的特殊生产情况。

但是有一个例外。当我们使工资等于零和全部纯产品归于利润时，每一生产部门纯产品对生产资料的价值比率，必然会和一般利润率一致。不论它们在其他工资水平时会如何彼此不同，在这一水平时所有生产部门的“价值比率”都是相等的。

因此，在工资改变时能够不变的唯一“价值比率”，并且因而能够在第21节规定的意义下“再现”，是等于与零数工资对应的利润率的价值比率。而这才是“平衡”比率。

我们将称这种全部国民收入归于利润的利润率为最大利润率。我们将用 R 表示最大利润率和纯产品对生产资料的“平衡”比率这两个比率一致的比率。

第四章　标准商品

23.“一种不变的价值尺度”

用另外一种商品作为标准（这种商品是任意选择的）来表示一种商品的价格的必要性，使对于伴随分配改变而来的价格变动的研究复杂起来。任何特殊的价格变动，究竟是起于被计量的商品的特殊性，还是起于计量标准的特殊性，无法说定。如同我们刚才所看到的，与此有关的特殊性，只能存在于连续“层”中劳动对生产资料比例的不相等，一种商品和其生产资料总量都可以分解成为这种连续层；因为正是这一种不相等，才在工资改变时使得这种商品相对于其生产资料在价值上不能不改变。

我们刚才(第 21 节)考察过的“平衡”商品没有这种特殊性，因为在它的所有“层”中都存在着相同的比例。诚然，在工资下降时，这种商品比其他商品在相对于其他个别商品的价格上同样易于受到上升或下降的影响；但是，我们应该确知，任何这种变动只会产生于正在和它比较的商品的生产特殊性，而不会产生于它自身。如果我们发现这样一种商品，我们就有一种标准，它能够使任何其他产品的价格变动孤立起来，因而可以如同在真空中一样观察它们。

24. 完善的合成商品

即使近似地具有这种必要条件的个别商品，也不大可能找到。不过，一种混合商品，或者一种“合成商品”，同样可用：或许更合用，因为它可以被“搀和起来”以适合我们的要求，即改变它的组成，在一种工资水平时抹平价格的上涨，或者在另一种工资水平时填补价格的下落。

彻底地满足一切要求的这种类型的完善合成商品，要和它自己的生产资料总量一样以相同的商品组成(以相同的比例结合)——换言之，产品和生产资料两者都是同一合成商品的数量。必须先理解这一点。在此之前，要想调制那样一种混合品，不会有何结果。

问题是，能够建立这样一种商品吗?

25. 这样一种商品的建立：举例

这一问题是和生产部门有关系，而不是和商品有关系，最好从前一角度来研究。

假定我们把各个基本生产部门的那些部分从实际经济体系分

离出来，使它们合起来形成一个完全模拟的体系，这个体系具有这种性质：各种商品在其生产资料总量中和在其产品中的**比例都是相同的**。

作为一个例子，我们假定由以出发的实际体系只包括基本生产部门，并且这些生产部门分别生产铁、煤和小麦，如同下面所示：

	铁	煤	小麦	劳动	产品
	90 吨铁＋	120 吨煤＋	60 夸特小麦＋	$\frac{3}{16}$劳动→	180 吨铁
	50 吨铁＋	125 吨煤＋	150 夸特小麦＋	$\frac{5}{16}$劳动→	450 吨煤
	40 吨铁＋	40 吨煤＋	200 夸特小麦＋	$\frac{8}{16}$劳动→	480 夸特小麦
总计	180	285	410	1	

由于铁的生产刚刚足够更新之用（一百八十吨），这里国民收入只包括煤和小麦，煤一百六十五吨，小麦七十夸特。

要从这个体系按照所要求的比例得出一个归约体系，我们必须有全部铁业产品，五分之三的煤业产品和四分之三小麦业产品。新的体系如下：

	铁	煤	小麦	劳动	产品
	90 吨铁＋	120 吨煤＋	60 夸特小麦＋	$\frac{3}{16}$劳动→	180 吨铁
	30 吨铁＋	75 吨煤＋	90 夸特小麦＋	$\frac{3}{16}$劳动→	270 吨煤
	30 吨铁＋	30 吨煤＋	150 夸特小麦＋	$\frac{6}{16}$劳动→	360 夸特小麦
总计	150	225	300	$\frac{12}{16}$	

新体系中所生产的三种产品的比例（180∶270∶360），等于三种商品参加它们的生产资料总量的比例（150∶225∶300）。因此，所寻找的合成商品是由下列比例构成：

$$1\text{ 吨铁}:1\frac{1}{2}\text{吨煤}:2\text{夸特小麦}$$

26. 标准商品定义

我们将称这种类型的混合物为标准合成商品，或者简短点，称为标准商品；而称采取这种比例生产标准商品的这些方程（或者这些生产部门）为标准体系。

可以说，在任何实际经济体系中，都藏有这种模拟的标准体系，后者可以通过去掉不需要的部分而显露出来。（这同样适用于不处于自行更新状态的体系和处于自行更新状态的体系。）

我们通常将以这样一种标准商品数量作为标准商品单位，这种标准商品数量可以构成使用实际体系全部年劳动的标准体系的纯产品。（在上面例子中，为了形成那一单位的纯产品，每一生产部门必须增加纯产品三分之一，所以使用的劳动总量从十六分之十二增加到十六分之十六；结果组成这个单位的纯产品为四十吨铁、六十吨煤和八十夸特小麦。）我们将称这样一个单位为标准纯产品，或标准国民收入。

27. 相等比率的超过数

在标准体系中，各种商品生产的比例和它们参加生产资料总量的比例相同，这个事实意味着，每种商品生产数量超过生产中消耗数量的比率都是相同的。在上面的例子中，每种商品的这种比率是百分之二十。如果重新安排一下数字，使每种商品参加生产资料的总量和它生产出来的数量相对比，就可以看清楚：

$$(90+30+30)\left(1+\frac{20}{100}\right)=180\text{ 吨铁}$$

$$(120+75+30)\left(1+\frac{20}{100}\right)=270\text{ 吨煤}$$

$$(60+90+150)(1+\frac{20}{100})=360 \text{ 夸特小麦}$$

28. 纯产品对生产资料的标准比率(R)

适用于个别商品的这种比率，自然也是标准体系全部产品超过它的生产资料总量的比率，或者是这个体系的纯产品对生产资料的比率。我们将称这个比率为标准比率。

不把不同质商品用价格化成共同尺度，而说在两宗不同质品之间可能有一个比率，当然产生于这种情形：两宗不同质品都由相同比例构成——产生于它们事实上就是那一合成商品的数量。

因此，各个组成商品乘以它们的价格，不会影响结果。两个总量的价值的比率，不可避免地总是等于它们的几个组成部分的数量的比率。一旦商品乘以价格，如果各个价格以各种背离的方式变动，也不会扰乱这种比率。

因此，在这种标准体系中，无论纯产品在工资和利润之间的分配如何变动，并且无论由此而产生的价格如何变动，纯产品对生产资料的比率会仍然相同。

29. 标准比率和利润率

刚才关于标准体系中纯产品对生产资料的比率所说的话，如果我们用纯产品的任何部分代替纯产品，同样适用：部分纯产品对于生产资料的比率，会仍然不受任何价格变动的影响。

现在假定标准纯产品分为工资和利润，注意它们的份额，如同全部一样，总是由标准商品组成：由此而得出的利润率对于这个体系的标准比率的比例，会和所分配的利润份额对于全部纯产品的比例相同。在上面所举的例子中，标准比率是百分之二十，如果所分配的工资份额是标准国民收入的四分之三，利润份额是四分之一，利润率会是百分之五；如果工资和利润各为半数，那利润率就是百分之十；如果全部分配为利润，利润率会达到最高水平即百分之二十，而和标准比率一致。

因此，在标准体系中，利润率是作为商品的数量之间的一种比率而出现的，不论它们的价格如何。

30. 标准体系中工资和利润的关系

用一般说法重述一下。就标准体系而言，我们可以说，如果 R 是标准比率或最高利润率，w 是纯产品中支付工资的份额，则利润率为

$$r = R(1 - w)$$

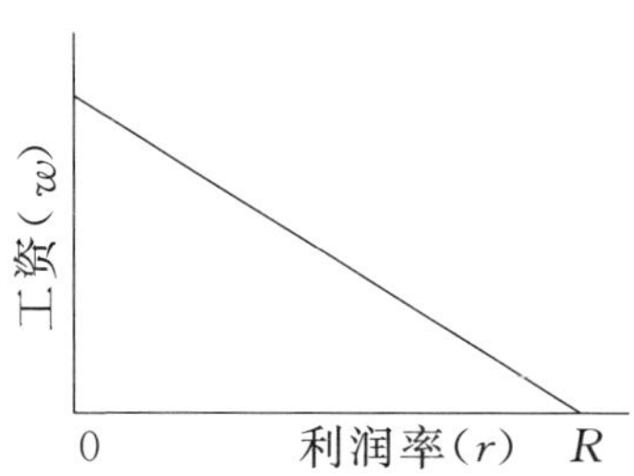

第一图　工资(作为标准纯产品的一部分)和利润率之间的关系

因此，在工资从一减到零时，利润率的增加和工资的全部扣除成正比例。这种关系可以用第一图中的直线表示。

31. 推广到任何体系的关系

这样一种关系只有在这种情形之下才有意义，即如果能够表明它的应用不限于想像的标准体系，而能够推广到实际经济体系的观察。

问题在于这里担当这个决定性角色的标准商品，是作为国民收入和生产资料的构成材料(这是标准体系所特具的)，还是作为

估算工资的手段。对于后者这一种职能，适当的标准商品在任何情形下都能满足，不论体系具有标准比例与否。

诚然，标准商品的状态是不合于担当上述第二种职能的。在标准体系中，用标准商品支付工资之具有特殊意义，似乎是由于留作支付利润的剩余本身就是标准商品的一个数量，所以在构成上是和生产资料相同的；结果是，作为这两个同类数量比率的利润率，可以看出其增加和工资的任何减低成正比例。所以在实际体系中，似乎没有理由设想，在用标准商品的相同数量的等同物支付工资时，余留下来支付利润的价值对于生产资料价值的比率，会和在标准体系中相应数量的比率相同。

但是组成实际体系的基本方程，和标准体系相同，只是比例不同。因此，一旦给定了工资，两个体系的利润率就都决定了，不论任一体系中方程的比例如何。特定的比例，例如标准比例，可以使一个体系成为透明体，使隐藏的东西能够显露出来，但是它们不能改变体系的数学性质。

所以工资和利润率之间的直线关系，在任何情形下都有效，只要工资是用标准商品来表示的。相同的利润率，在标准体系中是作为商品的数量之间的比率得出的，在实际体系中则是由价值总量的比率得出。

32. 举例

回到我们的例子，如果在实际体系中（如第 25 节以后所略述的，$R=20\%$），工资按照标准纯产品规定，$w=\frac{3}{4}$，则对应的 $r=5\%$。但是当工资部分在价值上等于标准国民收入的四分之三时，利润部分则不会等于标准国民收入中所剩的四分之一。利润部分将是实际国民收入减去四分之三标准国民收入支付工资的等同物以后的任何余剩；因而价格必须能使归于利润的价值等于社会使用的实际生产资料价值的百分之五。

33. 标准商品的建立：*q* 体系

用一般说法重述一下。建立一种标准商品的问题，等于寻找一套 k 个合适的乘数，这些乘数可以称为 $q_a, q_b, \cdots, q_k$，分别应用于商品"a"，"b"，…，"k"的生产方程。

乘数必须这样，使得出的各种商品数量彼此的比例，在方程的右方（作为产品），要和它们在方程的左方总量（作为生产资料）相同。

我们已经知道，这意味着一种商品产量超过它参加生产资料总量的比率，对于所有商品都是相等的。我们曾称这种比率为标准比率，并且用 R 表示它。

这样一种条件，是用一种方程体系来表示的，这种体系包括和生产方程相同的常数（代表商品数量），但是安排的次序不同（一个体系的横行对应另一体系的直行）。这种方程体系，我们将称为 q 体系，有如下式：

$$(A_a q_a + A_b q_b + \cdots + A_k q_k)(1+R) = A q_a$$

$$(B_a q_a + B_b q_b + \cdots + B_k q_k)(1+R) = B q_b$$

$$\cdots\cdots\cdots\cdots\cdots\cdots\cdots\cdots\cdots\cdots\cdots\cdots$$

$$(K_a q_a + K_b q_b + \cdots + K_k q_k)(1+R) = K q_k$$

为使这个体系完全，必须规定表示乘数的单位；并且因为我们希望在标准体系中使用的劳动数量和在实际体系中（第 26 节）相同，我们用包含上述条件的另外一个方程规定这个单位：

$$L_a q_a + L_b q_b + \cdots + L_k q_k = 1$$

因此，我们有 $k+1$ 个方程，它们决定 k 个乘数和 R。

34. 作为单位的标准国民收入

解这种方程体系，就得到一套乘数数字（我们可以称这些数字为 $q'_a, q'_b, \cdots, q'_k$）。我们把这些数字应用于第 11 节中所列的生产方程，这种方程体系就转化为标准体系，如下式：

$$q'_a[(A_a p_a + B_a p_b + \cdots + K_a p_k)(1+r) + L_a w] = q'_a A p_a$$

$$q'_b[(A_b p_a + B_b p_b + \cdots + K_b p_k)(1+r) + L_b w] = q'_b B p_b$$

……………………………………………………………

$$q'_k[(A_k p_a + B_k p_b + \cdots + K_k p_k)(1+r) + L_k w] = q'_k K p_k$$

从这种体系，我们得出标准国民收入，以后将用它作为在原来生产体系中工资和价格的单位。所以第 12 节的单位方程用下列方程来代替，里面的许多 q' 是已知数，而许多 p 是变量：

$$[q'_a A - (q'_a A_a + q'_b A_b + \cdots + q'_k A_k)]p_a$$

$$+ [q'_b B - (q'_a B_a + q'_b B_b + \cdots + q'_k B_k)]p_b + \cdots$$

$$+ [q'_k K - (q'_a K_a + q'_b K_b + \cdots + q'_k K_k)]p_k = 1$$

这种合成商品是我们所要找出的（第 23 节）的工资和价格的标准。

35. 排除掉非基本产品

显然，完全被排除在生产资料角色以外的那些非基本产品，不可能满足这些条件，并且不可能在标准体系中有其地位。所以适合于它们的方程的乘数只能是零。

同样说法，即使是不大显明，也适用于那些其他非基本产品，它们虽然不参加一般商品的生产资料，但被用于生产一种或更多的非基本产品，在那种生产中会包括它们自己（例如生产奢侈品的特殊原料，以及供享乐的动物饲养和植物种植）。

一种商品要是仅仅参加一种非基本产品的生产，如同以前提到的，它显然只能和刚才说的一样，乘数只能是零。

并且在它参加它自己生产的范围内，它作为产品的数量对作为生产资料的数量的比率，完全由它自己的生产方程来决定，因此，一般和 R 无关，并且必然和标准体系不相容。所以适合于它的乘数也是零。①

因此，我们可以使讨论简单化，假定在一开始就剔除所有非基本产品方程，因而所讨论的只是基本生产部门。

需要注意，标准体系缺少非基本生产部门，并不会使标准体系在其结局上和原来体系不相同，因为，如同在第 6 节所看到的，它们的有无，对于价格和利润率的决定毫无影响。

第五章 标准体系的唯一性

36. 导言

在以下五节中，要证明总有一种方法，并且决不多于一种方法，可以把一个给定的经济体系转化为标准体系；换言之，总有一套乘数，并且仅仅有一套，如果应用于组成这个体系的几个方程或生产部门，会重新安排它们成为那种比例，使生产资料总量的商品

① 严格地说，对于 R 的一切可能的数值，乘数都会是零，除非 R 等于那一非基本产品在纯产品中的数量对于它在生产资料中的数量的比率。这是在附录乙提到的畸形情况：在 R 的那个特定数值时，按照所说的非基本产品表示的所有价格都会是零。

组成和产品总量的商品组成是相同的。

37. 转化为一种标准体系总是可能的

我们所考察的任何实际经济体系类型总可以转化为一种标准体系，这可以用一个想像的试验表明。

（这个试验包括两种可以替换使用的办法。一种办法是改变生产部门的比例，另一种是把所有生产部门生产数量化成相同的比率，而使用作生产资料的数量保持不变。）

我们从调整这个体系生产部门的比例开始，即使每种基本商品生产的数量，严格地大于为更新所需要的数量。

其次让我们想像，用微小比例的连续的削减，逐渐地缩减所有生产部门的产品，而不干扰使用的劳动和生产资料数量。

到了任何一种商品缩减到仅足以更新的最低数量时，我们再调整生产部门的比例，使得每种产品再有剩余（但使所使用的劳动数量在总量上不变）。只要有些商品有剩余，而没有一种商品有赤字，这种调整总是可以做到的。

随着每种产品再有剩余，我们继续这样一种交替的比例削减，直到产品缩减到恰恰足够为完全更新之用，不留下一点剩余产品。

由于要达到这个地位，所有生产部门的产品是按相同比例削减的，我们现在用统一比率增加每个生产部门的生产量，就能恢复生产的原来状况；在另一方面，我们不扰乱生产部门所达到的比例。恢复生产原状的统一比率是 R，生产部门达到的比例是标准体系的比例。

38. 为什么产生唯一性的问题

我们现在考察这个问题：一个给定的生产部门体系能够转化

成的标准体系是不是唯一的，或者是否有能够满足这种条件的其他可以采取的安排方法。

q 体系的许多方程（第 33 节）可以化为 R 的 k 次一个方程，所以这里可以有和 k 一样多的 R 数值（每个数值有其对应的一套 q 数值），这些数值满足 q 体系方程。要表明这些套数值中只有一套是重新安排这些生产部门为标准体系的一种可能方法，只需证明不能有一个以上的 R 数值，而对应这个数值有一套 q 正数数值，就足够了。

39. 在一切工资水平时的正数价格

作为这样做的一个准备，我们必须表明，正如总有一套可能的乘数（第 37 节）一样，在包括零数在内的一切工资数值时，也有和统一利润率同时满足生产资料更新条件的一套价格：那就是说，总有一套 p 的**正数**价格。

我们从 $w=1$ 的水平出发，由于这时的价格等于劳动费用（第 14 节），p 的数值必然都是正数。如果 w 的数值从一继续改变到零，p 的数值也要继续改变，这样任何 p 要成为负数必须通过零。但是，只要工资和利润是正数，没有一种商品的价格可以变为零，如果至少一种参加它的生产资料的其他商品的价格尚未成为负数。因此，由于没有一个 p 能在任何其他 p 之前成为负数，完全没有一个 p 能成为负数。①

① 为使证明完满，还必须表明，代表基本产品的价格 p，不能通过其成为无穷大而成为负数——和非基本产品的 p 不一样，后者会如此。这在附录乙中（关于自己再生产的非基本产品）有说明。

40. 零数工资时的生产方程

作为第二个也是最后的准备，这里重新写下在工资等于零时的生产方程，以便于比较。劳动项目乘以零后可以全部略去，并且以 R 代替 r，前者是最大利润率。我们可以用一作为任何一种商品的价格。

这样，生产方程就成为下式：

$$(A_a p_a + B_a p_b + \cdots + K_a p_k)(1+R) = A p_a$$

$$(A_b p_a + B_b p_b + \cdots + K_b p_k)(1+R) = B p_b$$

$$\cdots\cdots\cdots\cdots\cdots\cdots\cdots\cdots\cdots\cdots\cdots\cdots$$

$$(A_k p_a + B_k p_b + \cdots + K_k p_k)(1+R) = K p_k$$

41. 唯一的一套正数乘数

最后我们可以来表明，不能有多于一套的正数乘数。设 R' 是 R 的一个可能数值，对应它有正数价格 $p'_a, p'_b, \cdots, p'_k$ 和正数乘数 $q'_a, q'_b, \cdots, q'_k$。设 R'' 是 R 的另一个可能数值，对应它有价格 $p''_a, p''_b, \cdots, q''_k$ 和乘数 $q''_a, q''_b, \cdots, q''_k$。我们必须证明 q'' 不可能都是正数。

在生产方程中（如同在上节中 $w=0$）用 R' 代替 R，用 $p'_a, p'_b, \cdots, p'_k$ 代替 $p_a, p_b, \cdots, p_k$，并且分别用 $q''_a, q''_b, \cdots, q''_k$ 乘它们，我们得到这个体系。

$$q''_a(A_a p'_a + B_a p'_b + \cdots + K_a p'_k)(1+R') = q''_a A p'_a$$

$$q''_b(A_b p'_a + B_b p'_b + \cdots + K_b p'_k)(1+R') = q''_b B p'_b$$

$$\cdots\cdots\cdots\cdots\cdots\cdots\cdots\cdots\cdots\cdots\cdots\cdots\cdots\cdots\cdots$$

$$q''_k(A_k p'_a + B_k p'_b + \cdots + K_k p'_k)(1+R') = q''_k K p'_k$$

把这些方程加起来，我们得到

$$[q''_a(A_a p'_a + B_a p'_b + \cdots + K_a p'_k) + q''_b(A_b p'_a + B_b p'_b + \cdots + K_b p'_k) + \cdots + q''_k(A_k p'_a + B_k p'_b + \cdots + K_k p'_k)](1+R') = q''_a A p'_a + q''_b B p'_b \cdots + q''_k K p'_k \quad (1)$$

现在在 q 方程中(如同在第30节给定的)用 R'' 代替 R,用 q''_a,q''_b,…,q''_k 代替 q_a,q_b,…,q_k,并且分别用 p'_a,p'_b,…,p'_k 乘它们,得到

$$p'_a(A_a q''_a + A_b q''_b + \cdots + A_k q''_k)(1+R'') = p'_a A q''_a$$

$$p'_b(B_a q''_a + B_b q''_b + \cdots + B_k q''_k)(1+R'') = p'_b B q''_b$$

……………………………………………………

$$p'_k(K_a q''_a + K_b q''_b + \cdots + K_k q''_k)(1+R'') = p'_k K q''_k$$

把它们相加起来,得到

$$[p'_a(A_a q''_a + A_b q''_b + \cdots + A_k q''_k) + p'_b(B_a q''_a + B_b q''_b + \cdots + B_k q''_k) + \cdots + p'_k(K_a q''_a + K_b q''_b + \cdots + K_k q''_k)](1+R'') = p'_a A q''_a + p'_b B q''_b + \cdots + p'_k K q''_k \quad (2)$$

除 R' 和 R'' 是不同数字外,总方程(1)的项目和总方程(2)相同(虽然组成的方法不一样)。因此,要使这两个方程正确无误,方程的两方必须等于零:由于所有 p' 都是正数,这意味着有些 q'' 必须是负数。

这证明,**如果** p 有一套正数数值,q' 不能有多于一套的正数数值。[①]

在第37节我们已经看到,q 总有一套正数,并且在第39节看

① 只要用 p'' 和 q' 代替 p' 和 q'',同样的论证可以证明,如果 q 有一套正数数值,p 不能有多于一套的正数数值。

到，p 总有一套正数。因此，我们可以结论说，总有一个 R 数值，并且仅仅有一个 R 数值，对应这个数值有一套正数乘数（q），这些乘数可以把一个给定的经济体系转化为一个标准体系。

42. 和 R 最低数值对应的正数乘数

作为上面论证的一个直接结果，可以表明与所有正数价格对应的 R 数值（我们将继续称为 R'），是 R 的 k 个可能数值之最低值。

事实上，假定不是如此，那么就有比 R' 低的 R 数值，我们称为 R''。作为一个例子，使 $R'=15\%$，$R''=10\%$。

要确定这是否可能，我们回到有 w 和 r 的体系（第 11 节）。我们规定工资是标准商品的一个数量，它和 R' 对应。因此，我们用标准商品的比例数量代替劳动项目（$L_a w$，$L_b w$，等），这样，它们的总数就是标准国民收入的一个分数

$$1-\frac{R''}{R'}$$

（在我们所选择的例子中是三分之一）。同时，我们用一个任意选择的基本商品“a”作为价格标准，并使其价值等于一。

现在研究这样得到的体系的两套解法。一套和 R' 对应，得出

$$r=R'\left(1-\frac{1}{3}\right)=10\%$$

和所有正数价格（因为在 $r=R'$ 时，价格是正数，在 r 的所有数值降至零时，它们会仍然是正数。参看第 39 节）。

第二套解法和 R'' 对应。从上节我们知道，在价格对应 R'' 时，按照对应 R' 的比例所形成的标准商品价值是零，因此工资消失了，而

$$r=R''=10\%\text{ 。}$$

这确实意味着，如同在上节说过的，在和 R''对应的价格当中，有些必须是负数，而其他是正数。

因此，两套解法得出的 r 的数值相同(10%)，但是两套价格不同。

可是，这是不可能的，因为对应 r 的任何一个数值，只能有一套价格；实际上，在以一个已知数例如 10% 代替 r 时，这些方程就形成一个线性体系，并且其余的未知数①只有唯一的一套解法。

因此，R'，即与所有正数价格对应的 R 的数值，不能高于，并且因此必须低于有某些正数价格和某些负数价格对应的任何其他数值 R''。②

43. 用相等的劳动量代替标准产品

标准体系是一种纯粹辅助构造。所以应该有可能不依靠它而提出所考察的结构的基本要素。

我们知道，如果使标准纯产品等于一，因而工资按照它来计

① 在这些情形下，方程之一隐含在其他方程之中(参看第 3 节最末段)，并且 $(k-1)$个独立方程等于其余未知数的数目。

② 可以注意，如果用任何其他标准商品来计量工资，这些标准商品和大于 R'的可能数值 R 对应(如果有可能想像出包括负数组成的标准商品：在第八章我们要回到这一问题上)，那么，由下列式子表示的直线关系

$$r=R(1-w)$$

会继续有效。彼此对比的各种标准商品价格，在 r 改变时，会这样的改变：虽然工资在 r 的任何给定数值时，会表现为各标准国民收入的不同比例，但是不同标准国民收入的这些不同部分，其数值都会相同。在使 r 等于 R'时，按照任何一种其他标准商品计量的工资，会包括那种标准商品的非零数量，但是如果用所有正数乘数形成的以及对应 R'的标准商品来表示，工资的数值会是零。

量，则在工资削减和相应增加的利润率之间，依据下式

$$r=R'(1-w)$$

建立起一种比例关系，这里 R'是标准纯产品对它的生产资料的比率，而这比率是由 q 方程体系得出的。

这个命题是可以颠倒的，如果我们使 w 和 r 应该遵从这里所说的比例规定成为经济体系的一个条件，则工资和商品-价格实际上是用标准纯产品表示，而无须规定标准纯产品的组成，因为没有其他单位能够满足这种比例规定。

要这样做，我们只须用联系 w 和 r 同 R'的上述关系代替使标准纯产品等于一的那个方程（参看第 34 节）。而要找出 R'的数值，即与正数乘数和正数价格对应的 R 的数值，我们无须依靠 q 方程体系；我们可以使 $w=0$，从生产方程把 R'作为最大利润率求出。

上述条件足能确定工资和商品价格是用标准纯产品来表示的。而奇妙的是，我们因此可以使用一种标准而无须知道它的组成是什么。

但是对于商品的价格，有一种更具有实体的尺度存在，这使它有可能甚至代替标准纯产品这个变弱了的职能。我们即将看到，这个尺度就是“用标准纯产品所能购买的劳动量”。实际上，一旦我们规定了利润率，并且无须知道商品价格，在标准纯产品和仅因利润率而定的劳动量之间就建立起来一种平价；并且这样得出的商品价格，可以无差别地被认为或者是用标准纯产品表示，或者是在给定的利润率时用已知的等于标准纯产品的劳动量表示。这个劳动量的变动和标准工资（w）成反比，而和利润率成正比。如果

把这个体系的年劳动量作为单位，从上述关系得出的这个相等的劳动量是

$$\frac{1}{w}=\frac{R'}{R'-r}。$$

因此，在一种可变的劳动量中，发现了如同在第 23 节所表述的“一种不变的价值尺度”的所有性质，但是它的改变是按照一种独立于价格的简单规则：这种尺度单位在大小上，随着工资的下降而增加，就是说，随着利润率的上升而增加。所以，在利润率为零时，它等于这个体系的年劳动量，在利润率接近最大数值 R' 时，它就无限地增加。

标准纯产品最后剩下的用处，是作为表示工资的手段——在这方面，似乎没有别的方法代替它。如果我们希望完全把它排除，我们必须不把 w 来表示工资，而把 w 当作一种纯粹数字，后者有助于规定劳动量，而在给定的利润率时，劳动量就构成价格单位；那时，由于商品价格是用这种劳动量表示的，我们可以用那种商品价格的倒数找出它的用任何商品表示的工资。

44. 作为自变量的工资或利润率

上面论证的最后方法，导使我们倒转从一开始就遵循的这种惯例，即把工资而不把利润率当作自变量或者“给定的”数量。

在开始阶段选择工资作为自变量，是由于认为工资的组成是些确定的必需品，这些必需品决定于不受价格或利润率影响的生理或社会条件。但是一旦容许产品分配有改变的可能，这个理由就不大有说服力。并且当工资按照一种比较抽象的标准被视为“给定的”时，以及在商品价格尚未决定时工资不具有确定意义的

情况下，位置就倒转过来了。作为一种比率的利润率，具有独立于任何价格的意义，并且在价格决定之前很可以被“给定”。因此，它可以从生产体系以外决定，特别是可以为货币利息率水平所决定。

所以在以后各节中，利润率将作为自变量来处理。

第六章　还原为有时期的劳动量

45. 生产费用方面

在这一章中，我们从价格的生产费用方面来考察价格，并且考察价格怎样“分解自己”为工资和利润的情形。如果不是为了一次论述一个主题，早就会把这个题目引入讨论了。真的，虽则没有正式被引入，在暗示中我们一直预想它是“直接和间接”投入一种产品的劳动量。

46. “还原”定义

我们将称“还原为有时期的劳动量”（为简短计，或称“还原”）是这样一种运算：在一种商品的方程中，用一系列的劳动量来代替所使用的各种生产资料，每一劳动量都有适合于它的“时期”。

以表示商品“a”生产的方程为例（这里工资和利润都以标准商品表示）：

$$(A_a p_a + B_a p_b + \cdots + K_a p_k)(1+r) = L_a m = A p_a$$

我们现在不用形成 A 的生产资料的各商品，而用**它们自己**的生产资料和劳动量来代替；这就是说，我们用商品和劳动来代替上式中的生产资料，因为这些商品和劳动既然出现在生产资料自己的各个方程，一定被用来生产那些生产资料；并且，这些商品和劳动，由于在一年前已经消耗了（第 9 节），要对于它们的时期按照复利率乘以利润因素，即生产资料乘以$(1+r)^2$ 和劳动乘以$(1+r)$。（应该注意，A_a，即用于生产 A 的商品量"a"本身，要像处理任何其他生产资料一样地来加以处理，就是说，用它自己的生产资料和劳动来代替。）

其次，我们进而用它们自己的生产资料和劳动来代替这些后面的生产资料，并且对于这些生产资料要乘以更多一年的利润因素，或者说，对生产资料乘以$(1+r)^3$，对劳动乘以$(1+r)^2$。

我们可以按照我们的意愿尽远地继续进行这种运算，并且如果在直接劳动 L_a 之后，我们列入所汇集每个时期的连续的劳动总量，分别称它们为 La_1，La_2，…，La_n，…，我们将得到这种产品的无限级数形式的"还原方程"

$$L_aw+La_1w(1+r)+\cdots+La_nw(1+r)^n+\cdots=Ap_a$$

为达到一种近似程度，究竟这种还原要推到多远，这取决于利润水平：利润率越近于最大值，还原越要推得远。在劳动项目以外，总有一个"商品余数"，成为每种基本产品的微末部分；但是尽量把还原推远，总有可能在任何小于 R 的先定的利润率时，使余数小得对价格不起任何作用。只有在 $r=R$ 时，余数才重要得成为产品价格的唯一决定者。

47. 分配改变时个别项目变动的型式

在利润率上升时，每个劳动项目的数值被利润率和工资拉往的方向是正相反的，它按照利润率或工资谁占优势而上升或下降。这两个因素的比重，自然随着分配水平的不同而改变；此外，我们即将看到，在项目具有不同"时期"的情形下，它的改变也不同。

我们已经看到(第 30 节),如果工资是用标准纯产品来表示的,在利润率(r)改变时,工资(w)依下式而改变

$$w=1-\frac{r}{R}$$

这里 R 是最大利润率。

用上式代替还原方程每个项目中的工资,任何第 n 项劳动项目的一般形式就成为

$$La_n\left(1-\frac{r}{R}\right)(1+r)^n。$$

现在考察在 r 从零改变到它的最大值 R 时,上式所具有的数值如何。

在 $r=0$ 时,一个劳动项目的数值,完全取决于它的大小,不论时期如何。

随着利润率的上升,这些项目就分为两类,一类对应于最近过去所投入的劳动,一开始数值就下降,并且一直稳步地下降;另一类表示较远时期的劳动,起初上升,以后在它们各个达到其最大数值时,改变方向,开始下降。最终,在 $r=R$ 时,工资变成零,而随着它变成零,每个劳动项目的数值也变成零。

这种情形最好由一些挑选的曲线来表示,这些曲线代表时期(n)差异很大和劳动量也不同的各项,如第二图。在这个例子中,假定 R 是 25%。

在利润率从零改变到 R 中,好像利润率沿着劳动项目的排列,产生出一种波浪,波浪的顶点是由连续项目一个接着一个达到它们的最大值形成的。在任何利润率数值时,项目达到最大值的

"时期"是

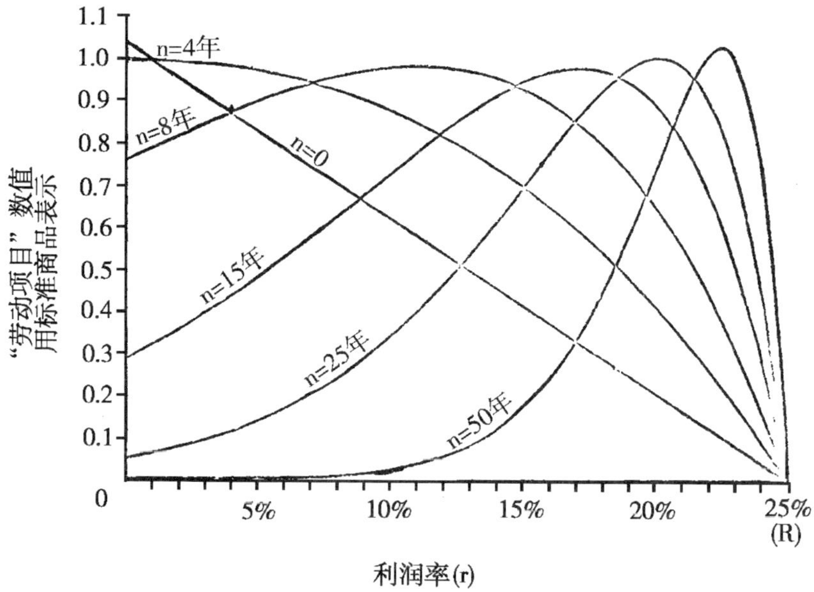

第二图　随着利润率在零和 R（假定为 25%）之间的变动，不同时期"还原项目"$[L_n w(1+r)^n]$的数值相对于标准商品的变动。

在不同"项目"中的劳动量（L_n）是：$L_0=1.04$；$L_4=1$；$L_8=0.76$；$L_{15}=0.29$；$L_{25}=0.0525$；$L_{50}=0.0004$。选择这些劳动量，在于使书页能容纳这些曲线。

$$n=\frac{1}{R-r}\text{。}$$

并且，倒转过来，时期 n 的任何项目达到其最大值时的利润率是

$$r=R-\frac{1}{n}\text{。}$$

所以在 $r=0$ 时，$n\leqslant\frac{1}{R}$的所有项目都有其最大值，因而形成上

面所述的一类“最近时期”在整个 r 上升时数值下降。

48. 项目总量的改变

各个劳动项目可以视为商品价格的组成要素，它们不同比例的结合，会随着利润率的改变而产生几种上升和下降的复杂的价格改变型式。

最简单的情形是“平衡商品”（参看第 21 节）的型式，或者作为一个总量的标准商品的型式，后者是“平衡商品”的等同物：它的还原会得出一种完全规则的级数，在任何项目中的劳动量，等于$(1+R)$乘以在时期上紧前于它的在该项目中的数量。

作为一个较为复杂型式的例子，假定两种产品的劳动项目中有三项互不相同（从第二图中所表示的项目中挑选的），但其他劳动项目都相同。两种产品之一“a”，有多余劳动二十个单位使用于八年前，而其他产品“b”的多余劳动，包括十九个单位用于本年，一个单位用于二十五年前。（因此，它们颇像熟悉的例子：窖中的老酒和橡木做的柜子。）在各种利润率时，它们的标准价格之间的差异是

$$p_a - p_b = 20w(1+r)^2 - [19w + w(1+r)^{25}]$$

表示如第三图。

随着利润率从 0 变到 9%，“老酒”价格相对于“橡木柜”而上升，以后在利润率 9% 到 22% 之间下降，而在 22% 到 25% 的变动中又上升。

（还原为有时期的劳动项目，对于企图在“生产时期”中找出一种资本量的独立计量尺度，可以用它来决定价格和分配份额，而不致陷入循环论，颇有关系。但是刚才讨论的这种情形，对于表明不

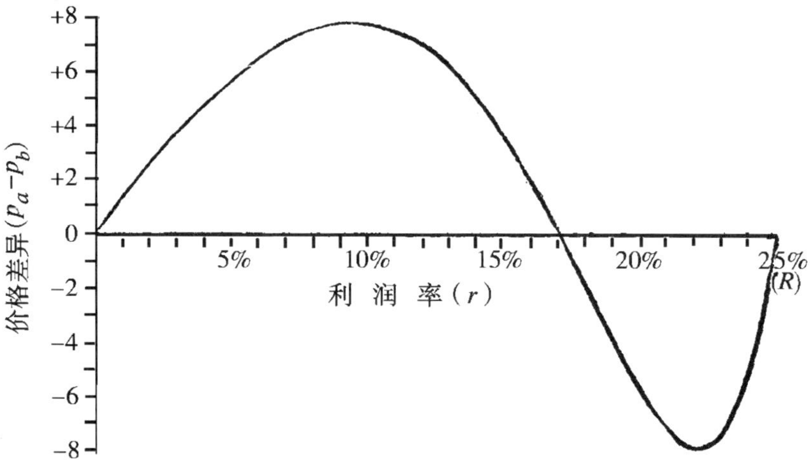

第三图　在各种利润率时两种商品价格之间的差异，这两种商品用在时期上分配相同的等量劳动生产，但有下列例外：

(1) 商品"a"一个单位在其生产完成前八年需要另外投入二十个单位劳动；

(2) 商品"b"一个单位在其生产完成前二十五年需要另外投入一个单位劳动，并在上年需要另外投入十九个单位劳动。

曲线的方程是

$$p_a-p_b=20w(1+r)^8-[19w+w(1+r)^{25}],$$

这里

$$w=1-\frac{r}{25\%}。$$

可能把属于几项劳动量的这些"时期"总计成为一个可以被视为代表这种资本量的单一的数量，似乎是结论性的。在生产方法不变情形下，相对价格变动方向的逆转，和作为独立于分配和价格的一个可以计量的数量的任何资本概念，不能调和。)

49. 价格下降率不能超过工资下降率

但是任何产品价格的变动有一个限制：如果由于利润率的上

升而价格下降，它的下降率不能超过工资的下降率。因此，如果我们画两条线，表示产品"a"的价格和工资（二者都用标准商品表示）如何随着利润率的上升而改变，则价格线和工资线相交不能多于一次，并且那时只在同一方向，这样，随着利润率的上升，价格从低于工资变成高于工资。

这种情形容易看出，无论我们查看一下还原级数，或者查看一下"a"的原来生产方程。先看看前者。在"a"的价格以外，仅有的变量是工资和利润率，利润率随着工资的下降而上升，这样二者的结合影响，永远不会是价格的下降在比例上大于工资的下降。

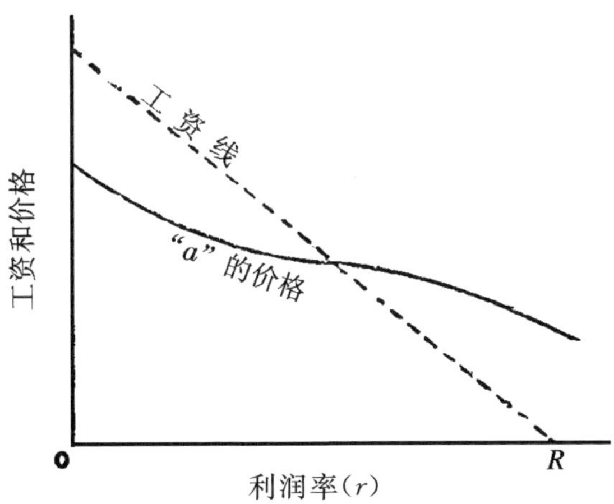

第四图　不能多于一个相交点（在一个单一产品生产部门的体系中）。

如果我们再看商品"a"的生产方程，生产资料价格的改变或许会推翻上述命题，假使这些价格本身可以以较大比率下降。但是只要注意这种产品的下降率超过所有其他产品的下降率，就充分知道这是不可能的：由于这种产品不能有那样的生产资料，其下降率会大于这种产品的下降率，这种产品本身的下降率一定小于工资。

如果不用标准商品而用任意选择的商品作为工资和价格的尺度，也不影响我们的结论，因为我们所研究的是劳动和给定产品之间的价格关系，这是一种独立于所采用的计量手段的关系。

因此，如果按照**任何**商品削减工资（不论这种商品的价格相对于标准商品是否会因此上升或下降），利润率将上升；而提高工资则反是。

从这点也可以推定，如果按照一种商品削减工资，就是按照所有商品削减工资；提高工资也是如此。对于所有商品，改变的方向都是相同的，不论改变的程度如何不同。

第二编　多种产品生产部门和固定资本

第七章　联合生产①

50. 生产两种联合产品的两种方法；或生产它们的一种方法和使用它们生产第三种产品的两种方法

在第一编中曾假定每种商品由一个单独的生产部门生产。我们现在假定，两种商品由一个单独的生产部门联合生产（或者不如说由一种单一的过程生产，因为在这里这种说法更为适宜）。在第一编中所述的条件，不再足以决定价格。这里会有比过程多的价格需要确定，因此会有比过程多的方程来决定价格。

在这些情形之下，可以考虑有第二个并行的过程，这种过程将以一种不同的方法生产这两种商品，并且我们将先假定按不同比例生产这两种商品。这一种并行的过程不但是可能的——如果要使过程数目等于商品数目，使价格得以决定，它也是必要的。所以我们将向前迈一步，并且假定在这种情形之下，事实上有第二个程

① 以下三章论联合生产，主要是为第十章和第十一章讨论固定资本和土地做准备。读者如觉其过于抽象，可以跳过去读第十章和第十一章，有必要时再回头来读。

序或生产部门存在。[①]

这似乎做了一个不合理的假定，好像意味着在所有情形下，都有第二种生产方法可用，这种生产方法和第一种不同，可是既不多产又不少产，因而可以和第一种方法并行使用。但是这个假定既不包含同等生产率那种条件，而在价格决定之前它也不会有确定意义；并且，在产品具有不同比例时，一般地可以找出一套价格，在那套价格下两种方法都同等有利可图。

因此，生产两种商品的任何其他方法可以和第一种方法相容，只要得出的方程是相互依存的并且至少有一套实数解法：这就排除掉例如在两种过程中产品和生产资料两者具有相同的比例。但是（而这是经济上唯一的约束条件），虽然未知数的负数答案可以在形式上满足这些方程，只有下述方法才是可以采用的，这些方法在实际有效的情形下（就是在给定的工资下或者在给定的利润率下）不包含正数价格以外的价格。

由两种商品用两种方法按不同比例联合生产（甚至两种商品的生产是按相同比例），和通过两种商品在不同过程中按不同比例作为生产资料使用，可以得到价格决定的相同结果。

倘若具有这样的条件，即两种商品是由两种不同过程作为生产资料使用来生产第三种产品，即使两种商品只用一种过程联合生产，也可以得出这个结果；并且更一般地说，倘若具有这样的条件，即在体系中独立过程的数目等于所生产的商品的数目，就可以

① 附带说一说。以任何一种方法生产两种商品的比例，一般会不同于需要使用它们于生产的比例，在这种情形下，必须有按不同比例生产它们的两种方法的存在，通过这两种方法的一种适当的结合，以得到所要求的两种产品的比例。

得出这个结果。

（上面所做的有“第二种程序”存在的假定，现在可以用更一般的假定来代替，即过程的数目应等于商品的数目。）

51. 普遍的联合产品体系

一个生产部门生产一种以上产品的这种可能性，使得有必要把为完全单一产品生产部门设计的方程在某种程度上加以改造。为了用完全一般的方式来改造，我们将不把联合产品视为例外情形，而假定联合产品是普遍情形，并且假定它们适用于所有过程和所有产品。

我们考虑一个具有 k 个不同过程的体系，每个过程按不同比例生产同样的 k 种产品。

这并不排除在某些过程中某些产品的系数可能是零（就是说，没有生产）：正如一直说，所有生产部门并不需要直接使用每个基本产品作为生产资料。

因此，单一产品生产部门的体系是作为一种极端情形，在这种情形中，每个产品虽然在一个过程中有正数系数，但在所有其他过程中只有零数系数。

因此，一个生产部门或生产过程的特点，不再在于它生产的商品，而在于它按什么比例使用各种商品和按什么比例生产各种商品。

所以在这一章，用任意设定的数字 1，2，…，k 来区别过程（而不像以前用产品“a”，“b”，…，“k”来表示）。

因此，A_1，B_1，…，K_1 表示不同产品“a”，“b”，…，“k”在第一种过程中作为生产资料使用的数量；A_2，B_2，…K_2 是那些产品在第二种过程中使用的数量；…；A_k，B_k，…，K_k 是在最后一种过程中使用的数量。

在另一方面，每种程序所生产的各种产品的数量，为使它们区别于生产资料，用括弧下标表示：$A_{(1)}$，$B_{(1)}$，…，$K_{(1)}$ 是第一种过程的产品；$A_{(2)}$，$B_{(2)}$，…，$K_{(2)}$ 是第二种过程的产品；…；$A_{(k)}$，$B_{(k)}$，…，$K_{(k)}$ 是最后过程的产品。

其他符号仍和单一产品生产部门相同，联合生产方程有如下式：

$$(A_1 p_a + B_1 p_b + \cdots + K_1 p_k)(1+r) + L_1 w$$
$$= A_{(1)} p_a + B_{(1)} p_b + \cdots + K_{(1)} p_k$$
$$(A_2 p_a + B_2 p_b + \cdots + K_2 p_k)(1+r) + L_2 w$$
$$= A_{(2)} p_a + B_{(2)} p_b + \cdots + K_{(2)} p_k$$

…………………………………………

$$(A_k p_a + B_k p_b + \cdots + K_k p_k)(1+r) + L_k w$$
$$= A_{(k)} p_a + B_{(k)} p_b + \cdots + K_{(k)} p_k$$

52. 建立标准体系的复杂性

如同在完全单一产品生产部门的情形下所做的那样（第 53 节），这里也可以建立标准体系；即找出应用于 k 个生产方程的一套乘数，以得出每种商品在体系的生产资料总量中的数量对相同商品在产品总量中的数量的比率，而这种比率对于所有商品都是相同的。

但是在开始建立之前，必须解决途程中存在的某些困难。这些困难产生于这种相互关系的更大复杂性，而这复杂性一方面是由于负数数量的混入，另方面则是由于产品和生产部门之间一对一的关系的消失。

第八章　具有联合产品的标准体系

53. 负数乘数：(1)生产比例和使用比例不相容

一旦我们仔细考虑用联合产品建立一种标准体系时，显而易见，有些乘数会一定是负数。

试以由两种不同方法之一联合生产两种产品为例。改变这一或那一方法使用程度的可能性，使所生产的两种产品总量在比例上有某种幅度的改变。但是分别由两种方法之一生产两种产品在比例上的改变幅度，有其极限，因此，一旦完全使用这一或那一方法，就达到了这种极限。

现在假定在两种联合产品"*a*"和"*b*"都作为生产资料使用的一切情形下，使用"*a*"的比例，相对于"*b*"来说，总是比生产"*a*"的最高比例还高。在这种情形下，从开头我们就可以说，在标准体系中的有些过程一定有负数乘数：但是不能先验地断定，是否这样一种乘数会一定适用于"*a*"商品的低比例生产者或者高比例使用者——这只能由体系的解发现出来。

54. 负数乘数：(2)基本和非基本产品联合地生产

可是，产生负数乘数最肥沃的土壤是在非基本产品之间。（在新情况下，非基本产品需要重新下定义，但在此之前可以说，完全排除在生产资料以外的这一类产品，仍将列为非基本产品，参看第60节）。

研究一下两种商品的情形（由两个过程按不同比例联合生

产),其中之一包括在标准产品以内,而其他一种,不参加任何生产部门的生产资料,必须排除在标准产品以外。这就有必要对于生产第二种商品较多的过程规定一个负数乘数,而对于其他一种程序则规定一个正数乘数:这两个乘数的比例必须如此,使在两个方程相加时,生产出来的非基本产品的两个数量恰好对销,而其伴联产品的正号差数则保留作为标准商品的一个构成部分。

55. 负数乘数:(3)特殊原料

一旦有些程序有了负数乘数,负数乘数以一种折光反照着的其他过程就容易因而出现。因此,如果仅仅一个过程直接使用一种原料,而碰巧这个过程有一个负数乘数,那么生产这一原料的生产部门自身也不得不跟着做,而以一个负数乘数参加标准体系。

56. 关于标准商品负数组成的说明

由于这种负数乘数造成的"负数生产部门"不能具有什么意义,上述结果就不可能把标准体系看成为实际过程的一种可以想像的重新安排。所以在联合产品的情形下,我们必须满足于用适当乘数转化成的抽象方程体系,而无须设想它作为一个实体存在。

但是制定标准体系的理由,是提供一种标准商品。而在后者的情形下,要把易于出现在标准商品组成内的负数数量看作实数,幸而并无不可克服的困难。用会计概念来比拟,这些负数数量可以解释为负债,而正数组成则为资产。

因此,对于包括正数和负数数量二者的标准商品,无须过度花费脑力,可以把它当作记账货币,只要把这种单位,如同公司的一张股票一样,看作是表示每种资产和每种负债的一部分,而后者表示一种无须支付某一商品的某种数量就可以偿付的债务。

57. 基本和非基本产品，需要新的定义

在我们进行建立标准商品之前，还必须考虑从联合产品体系的复杂性所产生的另一困难。

以前用来区别基本和非基本产品的标准（即它们是否直接或间接参加或不参加所有商品的生产资料），现在不中用了，因为，由于每种商品由几个生产部门生产，仅仅参加一个生产部门生产一种给定商品的生产资料的一种产品，应当或不应当被视为直接参加那种商品的生产资料，不怎么确定。[1] 而这种不能确定的情形自然会推广到这个问题上，即是否一种产品作为生产资料"间接地"参加了或没有参加商品的生产。

58. 三类非基本产品

会合于单一产品体系的所有三种不同类型的非基本产品，在多种产品生产部门情形下有其相等物，利用这种事实，我们将先规定后一情形的三类非基本产品，每类作为相应的单一产品类型的推广（参看第 35 节）。

（1）不参加任何生产部门生产资料的产品。这一类无须作什么改正，就可以直接引用于多种产品体系。

（2）只参加它自己的生产资料的各个产品。这一类在多种产品体系中的相等物，是这样一种商品，它参加生产它自己的每个过程的生产资料，而不参加其他过程的生产资料——但是参加生产资料的程度是，它在生产资料中的数量和它在产品中的数量的比

① 但是还有更大的麻烦，如同我们即将看到，即使这种商品直接参加体系中所有程序的生产资料，还是不能确定。参看下面第 59 节。

率，在该每个过程中恰恰相同。

(3)仅仅参加相互联系的一群非基本产品的生产资料的产品；换言之，作为一群，这类产品的活动方式和第二类非基本产品个别的活动相同。

为了在 k 个程序的多种体系中规定对应这第三种情形的类型，我们将(假定相互联系的一群包括三种产品“a”，“b”和“c”)把这些商品作为生产资料和作为产品参加任何一个过程的数量，各排成一行：因此，我们将得到 k 行的 2×3 行位序如下：[①]

$$
\begin{matrix}
A_1 & B_1 & C_1 & A_{(1)} & B_{(1)} & C_{(1)} \\
A_2 & B_2 & C_2 & A_{(2)} & B_{(2)} & C_{(2)} \\
\cdots & \cdots & \cdots & \cdots & \cdots & \cdots \\
A_k & B_k & C_k & A_{(k)} & B_{(k)} & C_{(k)}
\end{matrix}
$$

三种产品成为非基本产品的条件是，独立的行不应多于三行，其他行可以对这三行规定适合的乘数之后所形成的这三行的组合得出(参看第 60 节一般定义)。

59. 第三类举例

第三类可以产生稀奇错综的型式。举一个例子表明这一方面的可能性。

假定在四种过程和四种产品的体系中，两种商品“b”和“c”由**一种**过程联合生产，并且没有其他过程生产它们；但是虽然“b”不参加**任一**过程的生产资料，“c”则参加**所有**四种过程的生产资料。假定生产“b”和“c”的过程以下列方程表示

① 其中有些数量当然会是零数。

$$(A_1 p_a + C_1 p_c + K_1 p_k)(1+r) + L_1 w$$
$$= A_{(1)} p_a + B_{(1)} p_b + C_{(1)} p_c + K_{(1)} p_k$$

两种商品的“列”将为

$$\begin{matrix} C_1 & B_{(1)} & C_{(1)} \\ C_2 & & \\ C_3 & & \\ C_4 & & \end{matrix}$$

只有第一行和其他三行之一是独立的，其余两行是独立的行的线性变换。这样，“*b*”和“*c*”二者都是非基本产品。

如果我们从建立标准体系的观点来看这件事，显然“*b*”不能参加标准商品，“*c*”初看起来似乎适合成为标准商品的组成部分。但是，由于“*b*”只在一种过程中出现，去掉“*b*”的唯一方法是整个省略那一过程（就是给它规定一个零数乘数）。可是那一过程也是“*c*”的唯一生产者，这样“*c*”现在只是以生产资料的身份而存在，因而不能参加标准商品。所以“*c*”自己一定被去掉，这由下列方法做到：从各个其他方程减去余剩方程之一，以后在每种情形给它一个适当的乘数，这个乘数会终于对消所有“*c*”的数量。

60. 一般定义

刚才给的正式定义，从经济观点说，似乎不像被这个定义所代替的“参加或不参加所有商品的生产资料”的直觉标准那样令人满意。但是，它有更为一般性的优点。

首先，前二类非基本产品显然可以作为特殊情形纳入第三类。

此外，这个定义包括单一产品体系的三类非基本产品。（这个定义确是很一般的，如同第 59 节的例子所示，它还包括接着要讲的最后一类的非基本产品，即参加生产资料但不是生产出来的商品——土地是这一类的特出例子。）

因此，我们可以一般表述基本和非基本产品之间的区别如下：

在 k 个生产程序和 k 个商品的体系中（不论是否单一或联合生产），我们说一种商品，或者更一般地说一群 n 个联系着的商品（这里 n 必须小于 k，并且可以等于 1），是非基本产品，如果独立的 k 行不多于 n 行（k 行是由 $2n$ 数量形成，按这些数量它们出现于每个过程），而其他行则是这些行的线性组合。①

所有不能满足这个条件的商品是基本产品。（注意，如同在第 6 节所述，假定所有体系至少包括一种基本产品。）

61. 去掉非基本产品

从这里直接推定，通过线性变换，我们能够完全从这个体系的生产资料和产品双方去掉非基本商品。就是说，我们可以找到一套乘数（有些是正数，有些是负数）应用于原来 k 个方程，使这个体系有可能把这些方程合并为较少数目的方程（等于基本产品的数目），在各个方程中，非基本产品的任何数量被一个相反符号的同等数量对消，这样只包括异于零的数量的基本产品。

这种运算所得到的结果，和在单一产品体系用更简单的方法划去生产非基本产品生产部门方程所得到的相同（参看第 35 节）。这两种实例的意义，都是为了使以后论证方法简单化。

62. 基本产品方程体系

如果基本产品的数目是 j，这样得出的体系将包括 j 个方程：

① 用代数语言说，k 列和 $2n$ 行矩阵的秩数小于或等于 n。

这些可以称为基本方程。

假定 j 个基本商品是“a”，“b”，…，“j”，我们将用带横线的字 $\overline{A}, \overline{B}, \cdots, \overline{J}$ 表示这些商品出现在基本方程中的纯量，以区别于原来过程中的数量。因此有如下的基本方程：

$$(\overline{A}_1 p_a + \overline{B}_1 p_b + \cdots + \overline{J}_1 p_j)(1+r) + \overline{L}_1 w$$
$$= \overline{A}_{(1)} p_a + \overline{B}_{(1)} p_b + \cdots + \overline{J}_{(1)} p_j$$
$$(\overline{A}_2 p_a + \overline{B}_2 p_b + \cdots + \overline{J}_2 p_j)(1+r) + \overline{L}_2 w$$
$$= \overline{A}_{(2)} p_a + \overline{B}_{(2)} p_b + \cdots + \overline{J}_{(2)} p_j$$

……………………………………………

$$(\overline{A}_j p_a + \overline{B}_j p_b + \cdots + \overline{J}_j p_j)(1+r) + \overline{L}_j w$$
$$= \overline{A}_{(j)} p_a + \overline{B}_{(j)} p_b + \cdots + \overline{J}_{(j)} p_j$$

这个体系是和原来体系相同的，因为它决定的 R 数值以及各种价格必然地也是那一体系的解。

但是它和原来体系不同，不但在于它排除掉非基本产品，而且在于其他两方面。第一，一个基本方程一般并不代表一种生产过程——它不过是许多过程方程组合的结果。第二，它可以包括负数数量和正数数量。

63. 建立标准体系

基本方程是为建立标准产品而设计的。[①] 应用于 j 个基本方程得出标准体系的乘数 $q_1, q_2, \cdots, q_j$，是由下列方程决定的：

$$(\overline{A}_1 q_1 + \overline{A}_2 q_2 + \cdots + \overline{A}_j q_j)(1+R)$$

① 直接从原来方程建立标准产品是有可能的，并且最后结果当然也会相同。为什么通过基本方程中间站似乎简单一些，这在附录丙中有说明。

$$=\bar{A}_{(1)}q_1+\bar{A}_{(2)}q_2+\cdots+\bar{A}_{(j)}q_j$$

$$(\bar{B}_1q_1+\bar{B}_2q_2+\cdots+\bar{B}_jq_j)(1+R)$$

$$=\bar{B}_{(1)}q_1+\bar{B}_{(2)}q_2+\cdots+\bar{B}_{(j)}q_j$$

……………………………………

$$(\bar{J}_1q_1+\bar{J}_2q_2+\cdots+\bar{J}_jq_j)(1+R)$$

$$=\bar{J}_{(1)}q_1+\bar{J}_{(2)}q_2+\cdots+\bar{J}_{(j)}q_j$$

上列各方程给出 R 的 j 次方程，这样就会有直到 j 个 R 的可能数值和对应的各套 q 数值；并且每套数值代表不同组成的一种标准商品。

64. 只有 R 的最低值在经济上是有意义的

在 j 个可能各套数值之间，决定哪一套是切合经济体系的，我们不能再依靠显然选定的与一种全部正数标准商品对应的那一 R 数值，因为在联合生产体系中，所有标准商品的组成当中都会包括负数数量。

但是，如果我们从单一产品体系观点重新考虑这件事，我们将发现，虽然一种全部正数的标准商品是合乎常识的，但是它的优越处至少同样是由于它同时（如同在第 42 节所表明的）是一种与 R 的最低可能数值对应的东西。并且我们将看到，据有后面这种性质，本身即足以使具有这种性质的标准纯产品（不问是否是全部正数）成为一个合格的用作工资和价格的单位的东西。

实际上，假定我们采用对应另外一个数值 R''的标准产品作为单位，R''大于 R'，而 R'是 R 的最低可能值，则按照这个标准计量的工资 w 在从一逐渐削减达到零数之前，当利润率等于 R'时，工资将达到 w'水平，有如下式

$$R''(1-w')=R'。$$

如果在 w 的那种水平时，我们根据 R' 计算，工资一定是零，因为利润率达到了最大值；而如果根据 R'' 计算，工资一定是正数，因为利润率低于最大值。这种不一致情形，通过使 w' 成为合成商品的一个正数数量，合成商品的交换价值是零，就能够变为一致。这是因为（如同第 41 节所表明的）其组成与 R 的一种解（在这里是 R''）对应、其价格与 R 的另一种解（在这里是 R'）对应的一种标准商品，它的交换价值是零。

这意味着，在这些情形之下，所有商品价格按照所选择的标准表示，会成为无穷大。这种结果在经济上毫无意义。但是如果我们采用和 R 的最低值对应的标准纯产品作为单位，就可以避免这种反常情形。这是唯一的标准产品，按照这一标准，在工资从一到零的所有水平时（因而在利润率从零到其最大值的所有水平时），商品的价格是能确定的。

65. 对非基本产品课税不影响利润率和其他产品的价格

基本和非基本产品的区别在多种产品体系中如此抽象（无论是由于对它下定义的方法，或者是由于应用它来建立标准商品的方法），使人怀疑它究竟是否有任何经济内容。

但是，这种区别的主要经济意义，从一开始就是，基本产品在决定价格和利润率中具有根本作用，而非基本产品则没有这种作用。并且我们将看到在新的定义下也是如此。

在单一产品体系中，这意味着，如果一种基本商品的生产方法有所改进，其结果必然改变利润率和所有商品的价格；而在非基本商品情形下的相同改进，只会影响它各自的价格。

这个结论不能直接推广到多种产品体系，因为那里生产基本产品和非基本产品的过程可以是相同的。可是，我们可以在对生产一种特殊商品的课税（或补贴）中，找到一种等同物。最能想像到的这一种课税，是土地收益的什一税，这种税的规定，可以独立于价格，并且它和该商品产量的下降有相同的桔果，而所有其他事物（即这种商品的生产资料和伴联产品的数量）仍然不变。

因此，对一种基本产品课税，将影响所有价格，并且使得和一种给定工资对应的利润率下降，而如果对一种非基本产品课税，则除了影响被课税商品的价格以及与之有联系的其他非基本产品的价格而外，别无其他影响。[①] 这是显而易见的，只要我们考虑到基本方程的转化体系（它独自决定利润率和基本产品的价格）不能受不在体系之内的非基本产品数量或价格改变的影响。

第九章　联合生产的其他意义

66. 两种生产过程联合生产两种商品所包含的劳动量

现在仍然要知道，在单一产品生产部门情形下达到的其他结论，在什么程度上可以应用于联合产品。

---

① 课税对非基本产品的价格的影响，随非基本产品的类别而不同。如果非基本产品不参加任何生产资料，它的价格将随税额而上升。如果它参加它自己的生产资料，它的价格将随需要保持下述原来比率的程度而改变，这个比率是这个程序产品总量的价值（在减除工资和税额以后）对于它的生产资料总量的价值的比率。如果它是属于一群相互联系的非基本产品，所有这一群或者其中有些组成部分的价格要改变，以保持那个比率。（在第 59 节的举例中，如果对商品"*c*"的生产课税，"*c*"的价格不会受到影响，而担负这个冲击的是商品"*b*"，它的价格将上升到必要的程度。）

显然需要证明的那些结论之一是，在利润率等于零时，商品的相对价值是和直接间接用以生产它们的劳动量成比例(第 14 节)这条规则。因为在联合生产的情形下，在各个产品之间分配劳动没有明显的标准，并且，用于生产许多联合生产的商品之一的单独的劳动量这一说法，究竟有无意义，也似乎很可怀疑。我们确实不能从“还原”方法得到什么帮助，就是说，把劳动量看作是由追溯在各个时期中用于产品的连续劳动单位来确定的方法，不能对我们有何帮助；因为这个方法似乎从头到尾都不能适用于联合产品的情形。(这个问题在第 68 节中要进一步说明。)

但是，关于单一产品生产部门的体系，我们在“次体系”方法(参看附录甲)中有另外一种纵然是不大直觉的方法，用这种方法有可能为组成纯产品的各种商品确定劳动总量的份额，这种份额可以视为是直接或间接参加商品生产的。这种方法，现在加以适当的调整，可以引申用于联合产品体系，这样，关于“包含”在一种商品中的劳动量以及在零数利润时它和价值成比例的结论，无须曲解这些用词的通常意义，也可以推广到联合生产的商品。

先看按不同比例由两个过程之一联合生产的两种商品的情形；但是不必分别地看两个程序和其产品，让我们考察这个体系的全部，并且假定两种商品的数量都包括在这个体系的纯产品中。我们将进一步假定，这个体系处于自行更新状态，并且每当纯产品改变时，通过适当调整组成这一体系的过程的比例，自行更新状态就立即恢复。

作为讨论的初步，可以注意，如果我们改变两种过程的相对规模，而两种商品是由这两种过程之一联合生产的(虽然按不同比例)，那么，生产这两种产品的比例在某种程度之内有可能改变。

现在，如果我们想使参加这个体系纯产品的一种产品增加一定数量，而使纯产品所有其他组成部分不变，就正常情形说，我们就必须增加社会使用的总劳动量。因此，自然得到这个结论，即为这个目的必须增加的劳动量全部，不管直接地或间接地，都要用于生产所说的商品的增加量。增加的商品，在价格对应零数利润率时，显然在价值上将等于劳动增加量。

这个结论对于和其他商品联合生产的一种商品，比起对于独立生产的一种商品，似乎是同样有力的。为了保持自行更新状态，一般有必要改变这个体系使用的生产资料的数量，这种情形也不会影响这个结论，因为为生产后者所需要的任何增加劳动，是作为间接劳动包括在增加纯产品生产的数量之内的。①

67. 仅由一种生产过程联合生产两种商品所包含的劳动量

同样的论证可以适用于这种情形，即仅由一种程序联合地生产“*a*”和“*b*”两种商品，但由两种程序按不同的相对数量使用它们作为生产资料，每一程序各自生产相同的商品“*c*”。

在这种情形下，虽然我们不能改变这两种商品出现在生产它们的生产部门产量中的比例，但是通过改变使用它们的两种程序的相对规模，我们可以改变它们用作生产资料生产一定数量“*c*”的

---

①　我们所考察的调整，由于联合产品的出现，包括某些程序的收缩，因此，我们或许再陷入“负数生产部门”的尴尬状态中。但是，这是可以避免的，只要假定所说的商品的最初增加是十分小，并且假定这个体系的纯产品所包括的所有产品的数量在开始时就十分大，这样，任何必要的收缩可以为现有程序所吞没，而无须任何程序有一个负数系数。

相对数量。这样，我们就可以改变这两种商品作为生产资料参加这个体系的相对数量，并且这种改变本身（因为两种商品参加总产品的相对数量是固定的）就改变两种商品分别地参加纯社会产品的相对数量。

因此，如同前一情形一样，通过对总劳动的一种增加，能够达到一种新的自行更新状态，在这种状态中，两种联合产品之一例如"*a*"的数量加进纯产品，而纯产品的所有其他组成部分则仍然不变。因此我们能够结论说，增加的劳动是生产商品"*a*"的增加量所直接间接需要的劳动量。

68. 还原为有时期的劳动量不是普遍可能的

如同上面所说，虽然刚才概略谈到的这种方法是"次体系"方法的一种引申，但在联合产品情形中没有另一种还原为一系列有时期的劳动项目的方法的等同物。实际上，这一种还原方法的实质是，每种商品应当独立生产，并且只由一个生产部门生产，而整个运算则在于追溯一个单轨生产程序的许多连续阶段。

要重新制定在联合产品情形下为那种运算所必须的条件，我们必须使两个联合生产方程之一有一个负数系数，并使另一方程有一个正数系数，以消除产品之一，而单独保留另一种产品。因而在"还原"中有些项目表示负数劳动量，而对于这些项目不能提出合理的解释。更坏的是，由于这种级数包括正数项目和负数项目二者，"商品余数"在近似值的连续步骤时不递减到零，反而或许表现出稳定的或者等速扩大的变动，这样，这种级数就不是收敛的，就是说，其总数不会达到一种定限。（在第 79 节可以看到这种类型的例子。）

如果两种产品由单一程序联合生产，或者按相同比例由两个程序生产，这种还原甚至无法进行，因为在两种产品之间分配价值和劳动量，完全取决于这两种产品如何被使用来作为其他商品的生产资料。

69. 不能确定在工资变动时所有价格仍然是正数

在这个阶段需要重新考虑的另一种表述是这一命题，即如果在从一到零之间的任何一种工资水平时所有价格是正数，那么，任一价格都不能由于工资在这限度内的变动而变成负数(第39节)。可以立即说，这个命题不能推广到联合产品。在单一产品生产部门体系的情形下，这个命题所依据的理由是，一种商品价格要能变成负数，必须先有某一其他商品(作为它的生产资料之一使用的商品)价格已经变成负数——这样就没有一种商品的价格能够先变成负数。但是在联合产品情形下，这种障碍可以越过；联合产品之一的价格可能变成负数，只要平衡由于下述条件而得到恢复，即它的伴联产品价格的上升足以保持两种产品的价值总量按照要求的差额高于它们的生产资料的价值总量。

70. 负数劳动量

这个结论本身并不使人十分惊奇。它所包含的全部意义是，纵然在现实中所有价格都是正数，工资的改变也许会造成一种情形，这种情形的逻辑要求有些价格变成负数：而由于这种情形是不能接受的，势必放弃产生这种结果的那些生产方法，把地位让给那些在新的情形下和正数价格一致的其他生产方法。

但是，当上述结论和我们以前看到的关于劳动量投入一种商品的情形相联系时，这二者的结合结果确实需要作些说明。因为所涉及的，不仅是例如在遥远的将来或许会发生利润率下降到零的情形下，那样一种商品的价格，如果其他条件不变，将不得不变成负数；而且我们势必得出这个结论，即在实际情形中，在利润率完全正常例如在百分之六时，那种商品事实上是由一种负数劳动量生产的。

初看起来，这好像是故弄玄虚的一种异想天开的结果，与现实毫不符合。但是，如果我们把第 66 节对于一般情形所使用的试验应用于这个结论，并且在那里所描述的条件下，我们假定这样一种商品参加这个体系的纯产品的数量增加了（其他组成部分保持不变），我们将发现这样的一个结果，即社会所使用的劳动总量确实是减少了。

可是，由于生产有改变，而通行的利润率如上例是百分之六，并且价格体系适合这种利润率的体系，因而看不出有什么反常情形：实际上，利润支出的增加将大于平衡劳动费用的减少，这样，纯产品的增加，将导致生产费用的正数增加。

事情是这样，为了实行纯产品的必要改变，两个联合生产程序之一必须扩大，而另一个则收缩；并且在所考察的情形中，前一程序的扩大，比在后一程序收缩时（在同样的条件下），使用（无论直接地或者通过那些使它足以保证全部更新的其他程序）的劳动量较少，但在价格适合于给定的利润率时，所使用的生产资料的价值则较大，因此导致较大的利润支出。

似乎没有必要仔细表明，这一节关于负数劳动量所说的话，可以（用第 67 节对正数数量所用的同样方法）推广到这种情形，即仅由一个程序联合生产两种商品，而两种商品都为两个不同程序用作生产资料生产第三种商品。

71. 价格下降率不再为工资下降率所限制

还有关于价格的一个命题，需要在联合产品的情形下重新考虑。

在第49节我们看到，在单一产品生产部门情形下，当工资按照标准商品计算降低时，按相同标准计算，任何产品价格的下降率不能大于工资的下降率。这个结论所根据的理由是，如果一种产品价格的下降率能大于工资的下降率，这一定是由于它的生产资料之一的价格的下降率更大；并且由于这种情形不能适用于下降率最高的产品，那种产品本身的下降率不能比工资更高。

但是，对于一群联合产品中一种产品，有另外一种可能性，即和它联合生产的其他商品价格应当随着工资的降低而上升(或者仅仅有一种轻微的下降)，使在生产部门的产品总量中，第一种商品价格任何过度下降得到补足。这种价格上升没有极限，所以几种联合产品之一的价格下降率也没有极限。

可是一旦容许两个或更多联合产品之一的价格下降率大于工资的下降率，那就可以推知，即使一种单一生产的商品也能如此变动，倘若它使用价格这样下降的联合产品作为它的生产资料之一，并且使用到充分程度。

72. 上述命题所包含的意义

一种产品价格的下降可以速于工资的可能性，产生一些值得注意的后果。第一，按照任何标准计算的工资的下降会使利润率上升这个规则，现在必须承认有一个例外。

假定标准工资下降百分之十，导致(在某一水平时)商品“a”价格更大比例的下降，例如百分之十一（这种价格也用标准产品计量）。这就是说，劳动相对于商品"a"在价值上上升了百分之一。因此，如果我们用商品"a"表示工资，那种工资相同幅度的下降，会引起标准工资的上升，因而引起利润率的下降。

因此，除非我们说明白了标准是什么，我们不能再说工资是上升或下降。因为按一种标准的上升，可以是按另一种标准的下降。

同样理由，在利润率改变时，工资线和商品"a"价格线相交可能多于一次。

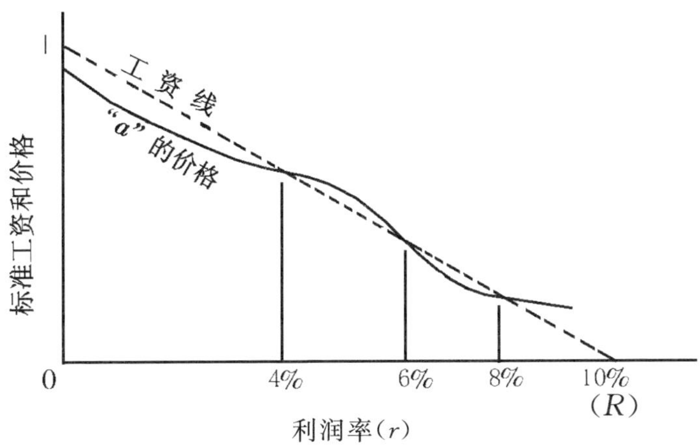

第五图　在多种产品生产部门体系中可能有几个相交点

结果，对于按照商品"a"计算的任何一种工资水平，可以有与之对应的几种不同利润率。（在第五图中，几个相交点表示一个劳动单位和一个商品"a"单位在价值上相等，就是按照"a"计算，工资相同；当然，如果按照标准商品计算，这些相交点就表示不同工资水平。）在另一方面，如同在单一产品体系情形下，对子任何一种利润率水平，只有与之对应的一种工资水平，不管工资用什么标准表示。

第十章　固定资本

73. 作为一种联合产品的固定资本

联合产品的意义，与其说是在于说明羊毛和羊肉或小麦和麦草的熟悉例子，不如说是在于联合产品是属，而固定资本是属的主要类。以上几章讨论联合产品错综关系的作用，主要是作为讨论固定资本问题的一个引论。

我们将把耐久的生产工具视为一种程序的年度使用量的一部分，和在一年中全部用完了的那些生产资料（例如原料）同样看待；而在年终这些工具余留的部分，将视为这个生产部门年度联合产品的一部分，年度联合产品中更为明显的部分是可以销售的商品，这是生产程序的最主要目标。

例如，在年初针织机和所使用的棉纱、燃料等一道参加生产资料；而在年终从生产程序中出现的磨损了一部分的旧织机，将和年产品袜子一道视为一种联合产品。

74. 不同年龄的机器视为不同产品

这个观点意味着，不同年龄的相同机器应该视为许多不同的产品，每一种有它自己的价格。为了决定这些价格，要求增加相同数目的方程（因而增加相同数目的生产过程）。

因此，使用一种耐久工具的一个生产部门，必须细分为和这种工具全部寿命的年数一样多的单独的生产过程，这些过程各个的区别，是基于它使用一种不同年龄的工具；并且它们各个联合地生产一定数量可以销售的某种商品，同时“生产”一种在年龄上比它所使用的工具大一年的工具——这里有一个例外，即使用寿命在一年中即将终了的机器的过程，仅仅生产可以销售的商品（或者，充其量，还有余剩的废品，如果这些废品有任何价值的话）。①

这些生产过程在所有权上或者在经营上，不需要彼此独立，并且它们确是常常在相同车间并行作业；全部必要的是，每个过程使用的生产资料和劳动量应当可以用数量计量来确定，而无须知道其价值——这样，可以对每个过程建立一个独立的生产方程。②

属于连续年龄群的工具，它们的价格也无须有效得使它们能够实际销售出去；因为即使这些价格是账面价值，它们也是每一年龄群正确分配利润和扣除折旧的基础："正确"的意义，是指恰恰满足能够更新生产资料和支付统一利润率的原来条件。如果我们把这里提出的方法的结果和通常计算折旧与固定资本资产利息的方法加以比较，就可以看出这点。

75. 耐久工具用年金方法计算的年度费用

刚才说到的“通常”方法有如下述。

假定一台机器“m”在整个寿命中工作效率不变，并且如果产

① 如果这种废品（金属、木材，等等）在使用上可以和已经考虑了的其他原料相互交换，这种废品就只须采用后者的价格，而无须有另外的过程；如果它不是完全可以相互交换的（例如以废铁和生铁相比），那么就有两个生的过程生产相同产品（例如钢）的余地，但是它们使用两类原料的比例是不同的。

② 这并不排除这里有管理费用的可能性，这些费用不通过作价办法就不能分配。在这种情形存在时，它们仅仅表示在现在考虑的情形之上加了另外一种联合生产情形，并且如同所有那些情形一样，它们二者都需要有并且可以有足够数目的过程以决定联合费用的分配。

品的所有单位的价格是统一的，那么对机器“m”每年支付的利息和折旧费用也必不变。这种年度费用将等于一种固定年金，而年金的现值，按照一般利润率 r 计算，等于机器的原来价格。如果那种价格是 Pm_0，机器的寿命是 n 年，大家可以从任何商业算术手册中找出如下这种年金算式：

$$Pm_0=\frac{r(1+r)^n}{(1+r)^n-1}$$

而这就是机器的每年费用。

76. 用联合生产方程方法计算上述费用

另一方面，这里提出的方法是基于各个生产过程的方程，这些各个生产过程是和机器的连续年龄对应的。每年生产 $G_{(g)}$（一种商品数量）所需要的一定类型的机器数量，在机器新的时候以 M_0 表示，在使用了一年时以 M_1 表示，……，在使用到最后一年时以 M_{n-1} 表示；它们各个每单位的价格，或每单位的账面价值，为 $Pm_0, Pm_1, \cdots, Pm_{(n-1)}$。在上面假定的整个机器寿命中效率不变的条件之下，应用第 51 节中其余的相同符号，则表示使用机器“m”生产商品“g”的方程如下：

$$(M_0 Pm_0+A_g p_a+\cdots+K_g p_k)(1+r)+L_g w$$
$$=G_{(g)} p_g+M_1 Pm_1$$
$$(M_1 Pm_1+A_g p_a+\cdots+K_g p_k)(1+r)+L_g w$$
$$=G_{(g)} p_g+M_2 Pm_2$$

……………………………………………

$$(M_{n-1} Pm_{(n-1)}+A_g p_a+\cdots+K_g p_k)(1+r)+L_g w$$
$$=G_{(g)} p_g。$$

在这几个生产过程中，按照在机器全部寿命期间效率不变的假定，生产资料、劳动以及这种主要产品的数量是相等的。这种情形使整群过程有可能合并成为单一的式子。如果我们以 $(1+r)^{n-1}, (1+r)^{n-2}, \cdots, (1+r), 1$ 分别乘 n 个方程，然后把它们相加，则出现在两方的中间年龄机器（大于零和小于 n 年）彼此对消，我们得到

$$M_0 Pm_0 (1+r)^n + \{(A_g p_a + \cdots + K_g p_k)(1+r) + L_g w\} \frac{(1+r)^n - 1}{r} = G_{(g)} p_g \frac{(1+r)^n - 1}{r}。$$

以 $\frac{(1+r)^n - 1}{r}$ 除两方，得到

$$M_0 Pm_0 \frac{r(1+r)^n}{(1+r)^n - 1} + (A_g p_a + \cdots + K_g p_k)(1+r) + L_g w = G_{(g)} p_g$$

这里第一项表示机器的每年费用，和上面第 75 节用年金方法所得出的式子完全相同。

77. 方程方法更为一般

虽然在效率不变的极端简单的情形之下，这两种方法都可以应用，二者都得出相同结果，但联合生产方程方法有其优点，即它不限于应用于那种情形，而有一般的确实性。它可以在任何情形下得出“正确的”答案，不论在耐久生产工具整个寿命中生产率下降或维修增加的型式如何复杂。此外，它还可以对所需要的不同原料和劳务价格的任何变动作出应有的考虑。

在各种情形中，在耐久生产工具或固定资本资产的任何一种年龄时，从方程所得出的价格，表示折旧之后这种资产的正确的账面价值。资产价值在两个连续年龄之间的差额，就是那一年要扣除的折旧。并且这一折旧数额（例如 $M_1Pm_1-M_2Pm_2$）加上年初资产价值按照一般利润率计算的利润（M_1Pm_1r），就得出那年的年度费用。一般来说，随着工具或资产的陈旧，这种费用不是不变的，而是在改变的，并且或许在降低。

78. 同类工具不同用途的不同折旧

但是，机器折旧并不如同上面似乎意味着的，完全决定于在一个特定生产部门中的使用。

同类机器（例如卡车）可以在好几个生产部门中使用，并且在一个生产部门中使用的磨损程度可以比另外一个生产部门大，因此寿命较短；或者，即使全部寿命相同，其效率的下降率可以年年不同，或者需要更多的维修。

由于新机器的价格对于所有生产部门是相同的，可以继续用 p_m 表示。但是在以后继续年度中，它可以按照使用的情形有不同的账面价值。新的用途要用另外的方程表示，并且新的账面价值要用另外的符号表示。因此我们可以称 Mg_1Pmg_1，Mg_2Pmg_2 等等为在"g"生产部门中连续年龄的机器乘以它们各个的账面价值；Mh_1Pmh_1，Mh_2Pmh_2 等等是在"h"生产部门中连续年龄的机器乘以它们各个的账面价值，等等。

如果在所有生产部门中机器有相同的工作寿命和不变效率，每一年龄的账面价值会在所有生产部门中相等，因为每年费用会等于第 75 节所述的年金。

79. 固定资本一般不可能还原为有时期的劳动量

我们现在转来探讨这个问题，应用联合产品一般情形于固定资本这一特殊情形所产生的复杂程度究竟怎样。首先来说“还原”问题。

固定资本的方程，使我们容易看到，想使一种耐久工具“还原”为一系列有时期的劳动量，如何会一般地遭到失败。看看最简单的情形，假定一台机器寿命为两年，并且效率不变。其方程如下：

$$(M_0 Pm_0 + A_g p_a + \cdots + K_g p_k)(1+r) + L_g w = G_{(g)} p_g + M_1 Pm_1$$

$$(M_1 Pm_1 + A_g p_a + \cdots + K_g p_k)(1+r) + L_g w = G_{(g)} p_g \text{。}$$

现在把一年年龄的机器 M_1“还原”为一系列的劳动项目，第一步是从第一个方程减去第二个方程，因而把 M_1 分离出来，使它在右方成为唯一的产品。但是这样的一个结果是，在生产资料一方出现同样的 M_1 数量；不过它是负数，并且它的价格被乘以 $(1+r)$。

单单这种情形就足以表明我们在死胡同中操思：因为当我们对包含 M_1 的负数项目进行“还原”时，在其余剩的生产资料当中将出现一个正数 M_1；因此，在连续推算中，M_1 会不断交替地以正数负数出现，并且在每种情形都被一个更高指数的 $(1+r)$ 所乘。这就不可能在一方面使商品的余剩总量趋于零，而在另一方面使劳动项目总数趋于一个定限。（基于不变效率的假定的这个结论，在机器的产品随着机器的年龄而减少时更是适用；但是如果年产品随着年龄而**增加**，这个结论就不能成立，并且“还原”为有时期的劳动项目，有些是正数有些是负数，将成为可能。）

80. 如果 $r=0$，机器账面价值如何随着年龄而改变

现在来研究机器价值如何随着它的年龄而改变。（为简单起见，如同上面一样我们用效率不变的机器做例子。）如果假定利润率是零，这样一台 n 年寿命机器的价值，每年将以同等步骤降低原来价值的 n 分之一。

由于在零数利润这种情形中，原来价值表示机器生产所需要的劳动量，当然可以把这个概念引申到以后各年，并且可以说，在任何给定年龄时的机器价值代表机器所“包含”的劳动量，就是说，生产机器用的劳动量减去年复一年地转移到它的产品的劳动量。（而且可以用第 66 节和附录甲所述的方法来证明，如同在下节中所述。）

81. 在一台部分磨损了的机器中所“包含”的劳动量

假定一部拖拉机直接间接需要四个单位的劳动来生产它，寿命四年，效率不变：现在所提出的情况是，在第一年活动终结时，它将只“包含”三个单位劳动，在第二年终结时，“包含”二个单位的劳动，……，而在第四年终它即将成为废品时，“包含”的劳动就没有了。

为证明这种情况，我们试比较纯产品不同的两个体系。我们从自行更新体系开始，其年纯产品假定说是一千吨小麦。它使用二十台拖拉机，同等地分为四个年龄组：零年、一年、二年和三年；这就需要每年生产五台新拖拉机作为更新之用。

其次我们引入第二个自行更新体系，在各个方面都和上一体系相同，只是它的年纯产品中包括有些寿命过了一半的拖拉机。

因此，在一千吨小麦之外，这个体系的纯产品将包括两台两年年龄的拖拉机。我们要表明，第二个体系必须使用另外四个单位劳动，就是说，必须使用"包含"在那种年龄的两台拖拉机中的劳动量。

这样一种体系要能自行更新，首先必须在其生产资料中有另外两台一年年龄的拖拉机和另外两台新的拖拉机：这些拖拉机要求每年有两台新的拖拉机作为更新之用。

因为现在有另外四台拖拉机从事操作，而纯产品中的小麦数量必须仍然不变，所以，如果拖拉机的总数（二十台）和从前一样，上述拖拉机队必须从二十台减为十六台：这十六台现在仍然同等地分为四个年龄组，并且要求每年有四台（而不是五台）作为更新之用。因此，虽然如同从前一样只有二十台从事操作，"新"的（即零数年龄的）拖拉机生产必须从五台增加到六台（亦即 2＋4），结果这个体系必然要用另外四个单位的劳动。没有"新"的拖拉机加进纯产品（因为所有六台都需要作为生产资料更新之用），而四个单位劳动的纯产品就是两台两年年龄的拖拉机。

82. 如果 $r>0$，账面价值如何随着年龄而改变

如果利润率是零，对于在连续各年中同等效率机器实行同等折旧这个标准，使产品相同单位一定有相同价格，不论用什么年龄的机器生产这些产品。但是一旦利润率上升到零以上，同等折旧份额将导致不同年龄机器的不同费用（这种"费用"是折旧加利润），因为在任何给定的利润率时，对于较老的并且账面价值部分地减低的机器，利润的支付将较少；所以同等折旧将和产品所有单位同等价格不协调。

所以同等价格只有在下列情形之下才能保持，即对于较老的机器比对于较新的机器提高年度折旧份额，以恢复不同年龄在费用上的均等。因此，如果我们考察一种给定年龄的任何一台机器，它的年度折旧份额将随着利润率的上升而改变。但是，在机器全部寿命期间，每年折旧份额的总数，在一切情形下必须不变，因为它必须等于机器的原来价格。所以较后各年折旧份额的提高，必须完全和较早各年折旧份额的降低相同。

各折旧份额自然等于耐久工具寿命中两个连续年度价值间的差额。结果是，工具的价值，不是随着年龄每年以同等步伐下降，而是在一旦利润率出现时，每年的下降步伐将随着年龄的增加而增大：并且利润率越高，随着年龄下降步伐的幅度就越大。

83. 整套各种年龄机器的账面价值随着 r 的变动而变动

现在我们从一台机器寿命进度的讨论，转到 n 台类似机器全范围的讨论，每台机器的年龄比前于它的机器大一年，并且因此形成如同我们在自行更新体系中会碰见的一群机器。折旧份额总数应当不变并且独立于利润率这个要求，现在包含在这种事实中，即在一切情形之下，这样一群机器只要每年有一台新机器就能更新。

但是，这种不变的折旧份额总数在不同年龄时的重新分配，有显著的影响，即随着利润率的任何上升，这一群机器全部的价值相对于一台新机器的原来价值*上升*。这是刚才看到的事实的必然结果，即如果利润率是零，随着机器年龄的增大，一台机器的价值在连续各年中以同等的步伐下降，但是如果利润率大于零，下降步伐则随着机器年龄而增大。

为了知道这种变动如何发生，让我们来研究一架工具在整个寿命 n 年中达到任何给定年龄 t 的情形。在其寿命的最初的 t 年期间，这架工具的价值一步步下降，下降价值总数在 $r>0$ 时比在 $r=0$ 时为小；因此，它的价值在其寿命后期一步步下降到零，其总数在 $r>0$ 时比在 $r=0$ 时为大，这总数当然等于这架工具目前的价值。用同样推理还可以看出，它的价值不但在 $r>0$ 时较高，并且随着 r 的任何上升而将继续上升。

不过，即使利润率的上升没有限度，这架工具价值的上升还是有其限度，而新工具的价值就是它趋向的限度。如果一架工具的寿命是 n 年，它在新的时候的价值是一，在 t 年时它的价值就是

$$\frac{(1+r)^n-(1+r)^t}{(1+r)^n-1}$$

并且随 r 的改变，它的价值改变的幅度在 $(n-t)/n$ 和 1 之间。

在下列第六图中，纵标表示在各种假定的利润率（r）水平时，一架耐久工具每一年龄的价值，其全部寿命为五十年；每一阶形曲线和轴线之间截取的面积，则表示整套各种年龄（或自行更新群）的工具的价值总量。这一套工具的价值，随利润率从零起无限地上升，从 $n/2$ 上升到最大值 n。

上了年龄的机器的价格的这种变动，不能从生产费用方面得到说明。在利润率改变时，这种变动之所以产生，完全是为了保持这种产品一切单位价格的相等，不论分别生产它们的这些机器在年龄上有怎样的差别。

虽然研究这种价格变动型式的兴趣，主要来自资本理论的讨论，但它对于寿命很长的固定资本例如建筑物的这种情形，是有实际意义的。

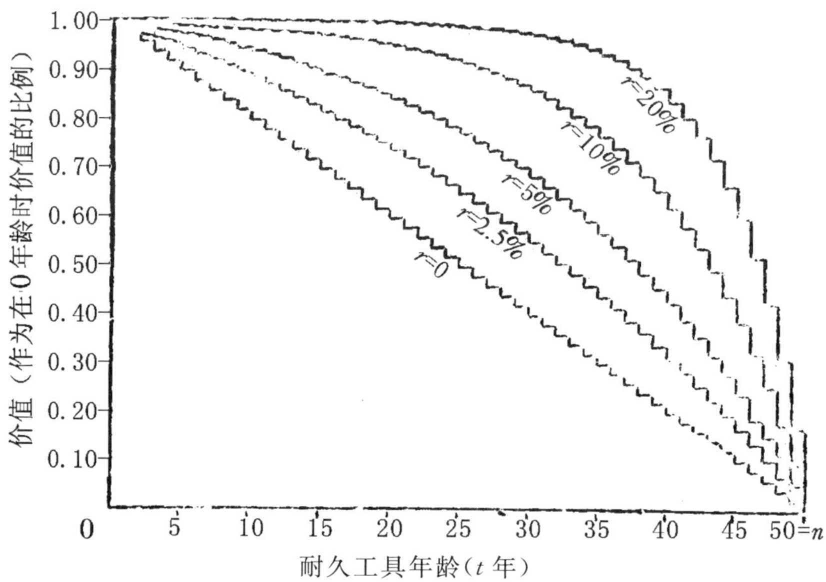

第六图　在各种利润率时一架耐久工具的账面价值。

（假定这架工具的寿命为五十年，效率不变。）第一阶形曲线，在一种给定的利润率时，表示这架工具的价值如何随其年龄的增加而下降。每一曲线与轴线之间包括的面积，和一套年龄分配均匀的五十架工具的价值成比例。设一架新工具的价值是1，它们的价值总量在 $r=0$ 时是25，在 $r=2\frac{1}{2}\%$ 时上升到29.5，在 $r=5\%$ 时上升到34，在 $r=10\%$ 时上升到39.5，在 $r=20\%$ 时上升到44：当然，它们的价值总量永远不能超过50。

因此，当许多厂矿在一个时期内分期陆续建设时，最先开工单位每年的折旧份额，可以用作以后单位的建设资金，并且利润率越低，早先折旧的份额将越大；结果，给定一个厂的建设费用，利润率越高，需要的全部净投资将越大。在第六图假定的例子中，投资是和有关曲线与轴线之间的面积成比例——面积随利润率的上升而增大。

84. 标准体系中的固定资本

固定资本是很难“还原”的，但是它却易于顺应标准体系。使这件事情简单化的原因，是耐久工具本身不一定包含负数乘数。

如果耐久工具是基本产品，在标准商品中就一定要用各种年龄的工具按它们适当的比例来表示。例如，设想一台机器寿命为三年，并且假定标准比率是百分之十。使用零年，一年和二年三种年龄的机器的三个生产过程，将有那样的乘数，使机器参加这三个生产过程的生产资料总量的比例为一百台二年年龄的机器，一百一十台一年年龄的机器和一百二十一台新机器；因此，在年终，每一年龄群机器在产品中的数目，比年初在生产资料中所包括的相同年龄机器的数目将超过百分之十。

几个生产过程使用一种耐久工具，这种工具各年都有磨损，在这一方面各过程之间的相似，一般来说，使有可能完全用正数乘数来建立标准体系。结果是，一种体系，如果除了在固定资本出现中所包含的成分而外，不舍有联合生产的其他成分，一般会有一种全部正数的标准商品，因此，在这方面再度出现单一产品生产部门体系的单纯性。

第十一章　土地

85. 可以获得地租的自然资源和非基本产品的类似

用于生产的自然资源，如土地和矿藏，由于它们供给的短少，使它们的所有者可以得到地租；它们在生产资料中据有的地位，可以说和非基本产品在产品中据有的地位相同。它们使用于生产，但它们自己不被生产出来，它们和被生产出来但不使用于生产的商品正好相反。事实上，它们已经包括在第60节对于非基本产品所下的广义定义中。

可以获得地租的自然资源和非基本产品的类似，同时表现在它们不可能列为标准产品的组成部分上，因为它们只出现在生产程序的一方。关于在课税方面非基本产品的别的性质，没有必要详述这一学说，即“对地租的课税完全由地主负担”，因而不能影响商品的价格或利润率——这一结论，按本文的论述，只要重复对于非基本产品情形所使用的论证（第65节），就可以证明。

86. 级差地租

如果使用 n 种不同土质的土地，它们会引起同等数目的种植谷物的不同方法（最先假定谷物是唯一农产品）。所以会有 n 个生产方程，这些方程必须加上这个条件，即这些土地之一不付地租；①并且对应这些方程有相同数目的变量，表示 n 种不同土质土地的地租和谷物价格。

只有在无租土地上生产谷物的生产过程，才能参加标准体系的组成，因为无租土地本身，和所有其他“自由”自然资源一道，从这种方程中被排除出去了，它们虽然在生产上是必要的，但不计入生产资料。

在建立的生产方程中，C 表示谷物数量，$A_1, A_2, \cdots, A_n$ 表示不同土地，$\rho_1, \rho_2, \cdots, \rho_n$ 表示各种土地的地租；在这些数量中，ρ 是

① 只要根据这一表记，就可识别这种土地是在使用上生产最少的土地（参看下页）。

未知数。(注意,下标是任意加上的,不表示肥沃的次序,肥沃不是独立于地租而规定的;这种次序以及地租本身的数量,可以随着 r 和 w 的改变而改变。)表示谷物生产的方程如下,这些方程是一般体系的一部分。

$$(Ac_1 p_a + \cdots + Cc_1 p_c + \cdots + Kc_1 p_k)(1+r) + Lc_1 w + A_1 \rho_1 = C_{(1)} p_c$$

$$(Ac_2 p_a + \cdots + Cc_2 p_c + \cdots + Kc_2 p_k)(1+r) + Lc_2 w + A_2 \rho_2 = C_{(2)} p_c$$

$$\cdots\cdots\cdots\cdots\cdots\cdots\cdots\cdots\cdots\cdots\cdots\cdots\cdots\cdots$$

$$(Ac_n p_a + \cdots + Cc_n p_c + \cdots + Kc_n p_k)(1+r) + Lc_n w + A_n \rho_n = C_{(n)} p_c$$

而地租之一应该是零这一条件可以写成

$$\rho_1 \rho_2 \cdots \rho^n = 0$$

切合的解法总是这一个,在其中 $\rho \geqslant 0$。

87. 单一土质土地的地租

如果土地的土质都是相同的,并且供给短少,这种情形本身就有可能使两种不同耕种过程或方法协调地并行使用于相同的土地上,决定每亩相同的地租。虽然在这些情形下,任何两种方法形式上可以协调,它们必须满足不产生负数地租的经济条件;这意味着,每亩生产谷物较多的方法,会使每单位产品有较高的费用,费用是按利润率、工资和价格的通行水平计算的。

因此,谷物的生产,在一般体系中,可以用具有土地地租和谷物价格两个对应变量的两个方程表示。

两个方程都会列入标准体系,纵然有相反符号的系数,以及会从那一体系的生产资料总量中把土地剔除掉的数值的系数。

88. 地租和"粗放的"与"集约的"递减收益的关系

虽然不同土质的土地这种情形,容易被认出是一种"粗放的"递减收益过程的结果,但在单一土质的土地上使用两种方法生产谷物和一种"集约的"递减收益过程之间存在着类似的关系,则不大明显。

从这个论点来说,两种生产方法并行存在,可以视为在土地生产递增进程中的一个方面。生产增加的实现,是通过逐渐推广以较高单位费用生产较多谷物的方法,而使生产较少的方法处于不利的地位。一旦前一方法在全面积得到推广,地租上升到一种程度,那时可以引入以更高费用生产更多谷物的第三种方法,替代刚刚替代的方法。[①] 因此,逐渐推广第三种方法而使中间方法处于不利地位,就造成增加生产的一个新局面。这样,生产量可以继续增加,虽然生产方法的改变是间歇的。

所以土地的稀少性虽然提供地租由以产生的背景,但在生产过程中能够找到这个稀少性的唯一形迹,是生产方法的二重性:如果没有稀少性,只会在土地上使用一种费用最少的方法,那就不会有地租。

89. 多种农产品

较为复杂的情形,一般可以归纳为上述两种情形的结合。复杂的主要型式,产生于多种农产品。

---

① 生产方法的改变,如果涉及一种基本产品,当然会引起标准体系的改变;参看下面第十二章。

因此，假定在第一种情形下，同一种上质的土地特别适合于一种特殊作物，那种作物只种植于那种土地全部，而不种植于其他土地；在这些情形之下，有用两种不同方法在那种土地生产这种作物的余地，并且其地租的决定将与其他土地的地租无关，事实上这就成为第二种情形的一个例证。

或者考察更为一般的情形，即几种土质的土地每种可以用于种植几种可以替换的作物，但是没有一种作物种植于所有这些土质的土地；在另一方面，没有一种土地充分专业化，使其地租的决定与其他土地的地租无关。在任何情形下的必要条件是，各个生产过程的数目，应等于不同土质土地的数目加上有关产品的数目；再者，各种产品和生长产品的各种土地之间的连结或重叠，应该足以决定地租和价格。所要求的连结型式，可以由下述考虑充分表明，即如果这些连结有可能建立一种标准商品，而从标准商品中排除掉所有土地以及产品中任何非基本产品，那么就会满足上述条件。

在单一土质土地的情形下，多种农产品不会产生任何复杂情形。不过可以注意，只有对于这些作物之一，两种单独的生产方法才会相容；对于其余作物，生产程序的数目要等于产品的数目。

90.“单一产品体系”和“多种产品体系”的区别——修改过的

根据地租的讨论，现在必须转回来重新考察前章中所述的一种区别。

刚才我们看到，在地租产生于使用单一土质土地的场合，建立标准体系将包含负数系数（纵然在不同肥沃土地的“级差”地租情形下，这不一定发生），因而在标准商品的组成中就有负数数量的可能。负数组成的这种可能性，本来是我们称为“多种产品体系”

的特征，并且也是作为一种概念和“单一产品体系”对比它的用途有限的主要原因。因此，在看到它在每个生产过程生产单一产品的情形中出现时，颇感为难。

事实是，采用自身不是被生产出来的生产资料，使多种生产过程有可能生产相同的商品，即使每一过程生产的产品不多于一种，这就瓦解了我们对两种体系型式之间所做的区别，因此有必要重建这种区别。

为了实行这种重建，我们必须首先把一个“体系”重新定义为许多生产部门，或许多生产方法，它们在数目上等于生产的和（或者）用作生产资料的不同东西，而不是如同以前等于不同产品。此外，我们以前认为属于“单一产品生产部门”的性质，必须归入用不多于一种方法生产每种商品的体系；并且属于“多种产品生产部门”体系的性质，必须归入用多于一种方法生产至少一种商品的体系，纵然所有生产部门都是单一产品生产部门。（这不会影响以前几章的说法，因为在生产资料自身不是生产出来的情形出现时，两种区别彼此符合了。）

91. 准地租

一种陈旧的但仍然使用的机器，单就它们用作生产资料但不是现在生产出来的情形而言，是和土地类似的。准地租（如果我们可以应用马歇尔的术语，但比他所用的意义窄得多）是那些固定资本项目获得的，它们过去发挥过积极作用，现在为别的所代替，但是还值得使用以获得其所能获得的东西。这种准地租的决定方法，的确和土地地租并无两样。并且，这种陈旧工具和土地一样，也具有非基本产品的性质，并被排除在标准商品组成之外。

第三编　生产方法的转变

第十二章　生产方法的转变

92. 简单情形：非基本产品

我们一直假定，在单一产品生产部门的体系中，生产每一种商品只有一种方法，因此，分配的改变不能影响所使用的生产方法。

假定现在生产一种商品，知道有两种方法可以任选其一。并且先就简单情形来说，假定所说的这种商品是一种**非基本**产品。

在任何给定的一般利润率水平时，[①]按照较低价格进行生产的方法，对于一个开设新厂的生产者，当然是两种方法中之最有利者。

第七图中两条曲线，表明两种可以互用的方法所生产的商品的价格如何随着利润率的改变而改变（这里价格，或生产费用，是按一种任意选择的标准来表示的）。两种价格相等时，两线相交，相交点和在利润率改变时由一种生产方法转变为另一种方法相对

---

① 在这里利润率是作为自变量；但是如果不这样，而用按照任何给定的商品或合成商品表示的工资作为自变量，也不会影响这里的论证。

应。从我们所看到的两种不同商品情形(第 48 节)类推,在可能的利润率的范围内,会有一个或多个这种相交点;在另一方面,如果没有相交点,其中一种方法在任何情形下都是不划算的,因而可以不采用它。

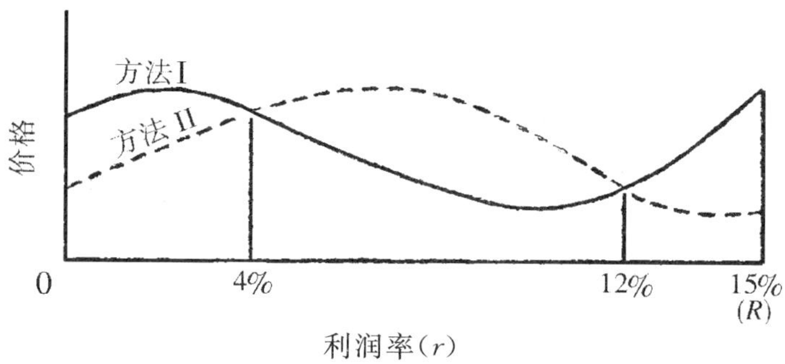

第七图

93. 基本产品:生产方法和体系二者都已转变

如果产品是一种基本产品,那么由于下述情形问题就复杂起来,即生产这种产品的两种方法,每一种都表示一种不同的经济体系,具有不同的最大利润率。结果是,我们似乎缺乏进行比较两种方法的共同基础。因为,按照这一或那一方法的采用,我们就有这一或那一经济体系,并且在每一体系中,将有和任何给定的利润率对应的不同工资(即使按相同标准计算),和不同的一套相对价格;因此,用两种生产方法比较价格没有意义,因为比较的结果显然取决于选择哪一种商品作为价格的标准。

生产同一基本产品的两种不同方法,只能在相交点并存(就是说,在那些利润率时,用两种方法的生产价格是相等的。),因为两个经济体系(它们彼此区别之处在于使用不同生产方法,在其他方面都相同）在那些相交点，也一定会有相同的商品工资，[①]和相同的一套相对价格。

这种并存是可能的，因为有了 k 个基本方程（表示 k 种生产方法）和 $k+1$ 个未知数（表示 $k-1$ 个价格，工资 w 和利润率 r），可以再有一个基本方程（或生产方法），即使这一方程没有带来另一种产品和另一种价格。但是，有了 $k+1$ 个生产方法，就不再有可能随意改变利润率，现在利润率的水平是完全决定了的。在利润率的任何其他水平，这两种生产方法是不相容的，并且这两种方法所从属的两个体系没有接触点。

可是，如果这两种生产方法可以任选其一，那么在同一体系中彼此比较一定可能，即使在那些利润率水平这两种方法是不相容的。这是可以做到的，如果我们暂且假定，两种方法的产品是两种不同的商品，但是这两种商品有这种性质，虽然它们在作为所有可能的基本用途上可以视为等同的，并且可以完全互换，但是它们还有其他的、非基本的用途，其中有些需要两种产品的这一种，有些需要两种产品的那一种，而且没有可能互换。结果是，对于所有基本用途，两种方法的选择完全看哪种最便宜；同时这种特殊的非基本的用途将保证两种方法总得到某种程度的使用，不论是什么体系。

假设所说的商品是铜，可以用两种方法生产，我们称为方法 I 和方法 II，并且这两种方法分别表征具有不同最大利润率 R_I 和

① 可以看出，虽然在那些相交点商品工资是相同的，但是它会是两个体系的各标准纯产品的不同比例的等同物：因为对应两个体系的每一体系会有不同的 R 数值。

R_{II}的体系I和体系II。这两种方法的产品(铜I和铜II)作为基本用途，是用不同方法生产的相同产品。所以我们可以假定，或者是在体系I中，把铜II作为非基本用途，或者是在体系II中，把铜I作为非基本用途(作为基本用途反过来也是一样)。

这两种假定会有不同的结果，因为一般地说，对于任何给定的利润率，例如百分之五，在两个体系的每一体系中有与之对应的不同工资和不同的一套相对价格；并且根据所设的这一或那一假定，铜I和铜II之间的费用比率也会不同。

但是可以表明，虽然一种生产方法相对于其他一种方法省钱的程度按照在体系I中或在体系II中如何实行比较会有不同，但是两种方法在省钱方面的次序，在两个体系中一定相同。实际上，如同我们即将看到(第 94 节)，在具有 R 较高数值的体系中，生产基本产品(例如铜II)的方法，在利润率的较高处时，[①]总归是在两个体系中之最省钱的。在利润率下降时，省钱次序的任何改变，一定同等地适用于两个体系，因为它要通过相交点，而这些相交点是为二者所共有的。

94. 利润率的上升一定引起向较高标准比率转变的条件

我们看到，在利润率上升时，两种方法生产的价格之间可以有好几个相交点，同时有从一种方法到另一种方法以及因而从一个体系到另一个体系同样多的后退和前进的转变。

从这种可能性看来，我们不能一般地说(和人们或许期望的相反)，在两种可以互用的生产方法中，和具有产品对生产资料较高

---

① 就是高于和最高相交点对应的利润率。

比率（就是具有较大的 R）的标准体系对应的一种方法，在利润率较高时，是最有利的生产方法，而在利润率较低时，是最不利的生产方法。

但是关于这点，可以做出一种具有一般真实性的表述。为了这个目的，我们把注意力从所说的商品生产的两种方法转到两个对应的经济体系，有其方便之处。

从这样一种观点来看，显然在利润率介于 R_I 和 R_{II} 之间时（这里 R_{II} 大于 R_I），不能有相交点，因为在这个范围内，虽然体系 II 的工资（w）会继续是正数，但在体系 I 中 w 会取零数或负数数值。（就是说，在这个范围内，铜 II 不仅会是最有利的，并且会是唯一可能的基本产品。）

由于在利润率的较高范围内（即在 R_I 和 R_{II} 之间），和产品对生产资料的较高标准比率对应的生产方法对于基本产品是唯一可能的方法，所以，如果两种方法有单独一个相交点，那么在利润率上升时，唯一可能的转变，是从产品对生产资料较低的标准比率转变为较高的（即从较低的 R 数值转变为较高的）。

这种论述可以用第八图说明。这个图表示在两个体系（I 和 II）的每一体系中利润率和工资之间的关系，这两个体系虽然在所有其他方面都是相同的，但就一个体系采用方法 I 而另一体系采用方法 II 生产基本产品之一来说，它们是不同的。

图中两条线表明各个体系在利润率从零上升到最大数值时（第一体系最大值是 $R_I=15\%$，第二体系是 $R_{II}=16\%$），工资如何下降。由于需要一个共同标准作为比较之用，两个体系的工资都

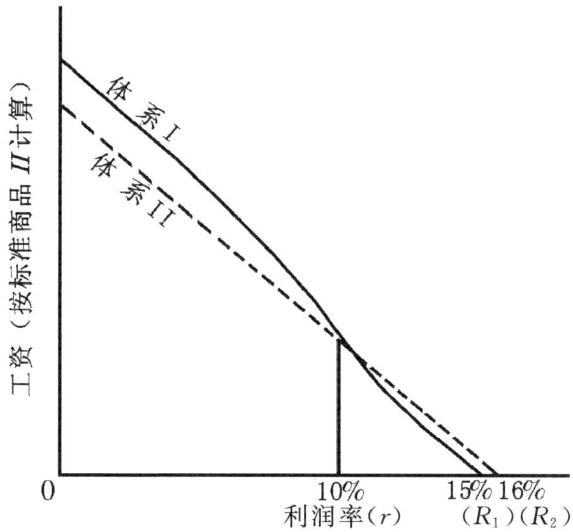

第八图

用体系II的标准商品来表示。[1] 结果是，图中直线表示体系II的这种关系，曲线则表示体系I的这种关系。（如果体系I的标准商品被用作共同标准，当然这种表示会颠倒过来。）在 $r=10\%$ 时的相交点，两种可以互用的生产方法同等地有利；超过这一点，在利润率进一步上升时，由方法I转变为方法II就成为有利。

95. 在整个一系列从体系到体系的转变中（假定这个体系是单一产品体系），对应利润率上升的工资下降

我们现在可以扩充两种方法任选其一生产一种商品的假定，而假定有许多这种可以选择的方法，同时至少有同样多的不同相

① 可以看出，虽然在体系I中标准商品的组成一般地和体系II颇不相同，但是参加体系II的所有商品可以在体系I中生产，即使有些商品可以仅作为非基本产品在这个体系中出现。

交点；并且不仅生产一种产品，而是生产各种产品。这样，在利润率上升时，在这一或那一商品的生产方法中，会有很快的接连发生的转变。

在整个这样一系列的改变中，虽然 R 数值可以上下交替地改变，利润率每一次上升，必然会有按任何商品计量的工资下降与之相对应（在单一产品生产部门体系下）。这是因为利润率和工资的改变，总是在一个体系之内发生，因此这二者的变动必定采取相反的方向；而从一种方法到其他方法的转变（因而从一个体系到其他体系的转变），则不需要改变利润率或工资——相反，在旧的和新的体系之间的一个相交点，因而在给定的工资和利润率水平时，这种转变是有可能的。

96. 多种产品体系中生产方法的转变

在单一产品生产部门情形下，每一生产过程或方法由它所生产的商品来识别，因此，在引入另外一种，例如第（$k+1$）种方法时，没有疑问可以识别它是以前存在的方法的另一种。

但是，在每一过程或方法生产好几种商品，和每一种商品由好几种方法生产时，这个识别的标准就不能成立了。因而产生如何识别新方法是以前存在方法的另一种的问题。

对于多种产品生产部门的情形，我们首先规定利润率的等同物，在这种利润率时，单一产品生产部门的两个价格曲线相交。这种等同物就是那一利润率，在那一利润率时，k 种商品的每一种都以相同的价格生产，不论是用新的生产方法还是用老的方法。

我们的问题是，在利润率上升超过相交点时，找出替代的方法。我们用迂回的方式去找。最先我们不去注意联合生产的个别方法，而集中注意可能的体系，这些体系是按照在它们的组成当中缺少一种方法而分别地规定的。这样，有 $k+1$ 个方法（或过程），我们就可以建立 k 个程序的 k 个不同的体系，所有这些体系包括新的方法，并且每一体系依次略去 k 个老方法之一。

假定现在利润率稍微提高到相交点以上，因此所有 k 个体系的工资将比从前为低；①但低的程度每一体系各有不同（纵然按照相同标准表示）。研究一下在新给定的利润率时容许有最高工资的这一体系；如果把工资而不把利润率视为给定的，我们将发现这一体系也会是最有利的，因为，给定任何一种工资，这一体系要比任何其他体系可以支付较高的利润率。现在这一体系的特点是，在其组成当中缺乏某一生产方法，而在所有其他体系中则有这一生产方法。所以在新的情况中使用这一特殊方法是最不利的，因而是将为新方法所代替的一种方法。

① 这里我们假定（而这对于这个结论是根本的），没有一种商品的价格按照第71—72节所述的方式改变。

附　　录

甲　关于"次体系"[1]

研究一下生产部门在自行更新状态的一种体系(每一生产部门生产一种不同的商品)。

形成总产品(即第 11 节方程右方的所有数量)的商品,可以明确地区别为用以更新生产资料的商品和共同形成这一体系的纯产品的商品。

这一体系可以按其纯产品中所包括的商品细分为同样多的部分,使每一部分成为一个较小的自行更新体系,其纯产品的组成仅有一种商品。我们称这些部分为"次体系"。

这包含着把原来体系的每一生产部门(即每一生产部门的生产资料、劳动和产品)细分为各个部分,各部分的规模可以保证每一次体系自行更新。

虽然这一生产部门只使用次体系的一部分劳动直接生产形成纯产品的商品,但是,由于所有其他生产部门仅仅提供消耗完了的

① 参看第 14 节。

生产资料的更新,全部使用的劳动可以视为直接或间接用于生产那一商品。

因此,在次体系中,我们一眼就可以看出,作为一个总量的劳动量,和我们追溯这一商品各个连续生产阶段时得出的一系列项目之和(第六章)是相同的。

在工资和利润率的每一种水平时,形成次体系纯产品的商品,在价值上等于使用劳动的工资加对生产资料支付的利润。而在工资吸收全部纯产品时,这种商品在价值上等于直接或间接用于生产它的劳动。

乙　关于自己再生产的非基本产品①

看看以异常大的程度参加它自己生产的一种商品。我们可以设想它是某种农作物,例如一种豆子或小麦,它的消耗是如此之大,撒播种子每一百单位,而收获不能多于一百一十单位。很清楚,在这种情况下,利润率不能高于百分之十,或者,由于必须使用其他生产资料,无论如何也不能高到百分之十。

如果所说的产品是一种基本产品,那就没有问题;这确实是说,这一体系的最大利润率将不得不小于百分之十。

但是如果它是一种非基本产品,就产生复杂情形。我们看到,非基本产品的生产情形对于一般利润率没有影响,这样就不会有什么来阻止这一体系的最大利润率高于百分之十;可是这里所说

① 参看第 39 节的脚注。

的产品和百分之十这样高的利润率有矛盾。这种矛盾情况，在工资降低时这种产品（我们称它为“豆子”）价格发生的变动中可以得到解决。在利润率上升接近百分之十时，豆子的价格将不得不无限地增加，因为更新种子以后余留的十单位的绝大部分，需要用作支付种子本身的利润，而余留下来作为支付其他原料的更新和其利润的数量，则接近于消失点。

在利润率为百分之十时，就会达到那一点，那时其他原料只有在不花一文而能取得的情形下才有可能更新，亦即豆子的相对价格是无穷大。

在利润率超过百分之十时，只有代表豆子价格的特定 p 采取负数数值时，才能满足条件。（可以把这样产生的情形作为一种奇境来想像，在那里，产品甚至不足以更新消耗完了的豆子和对它们付足利润，因此为更新和支付利润之用，不得不“购买”这些不足部分，并且当作“负数价格”购买这些部分，另外还一定要得到足以更新其他生产资料和支付其利润的产品。）

第九图是“豆子”例子的一个简单说明，图中假定最大利润率是百分之十五，价格则用标准商品表示。价格曲线由等轴双曲线的两个支线组成，这个等轴双曲线有对于利润率轴的渐近线和通过 10% 一点对于价格轴的平行线。

豆子价格 p 变成无穷大（在利润率为百分之十时）的情形，如果用豆子当作价格标准，也可以表述为所有其他商品价格都是零的情形：这就得出这些方程一个正规解式。但是如果我们用一种基本产品当作价格标准，所有其他价格就不可能变成零，因为这里一定至少有一种其他商品，在它的生产资料中有基本产品参加。

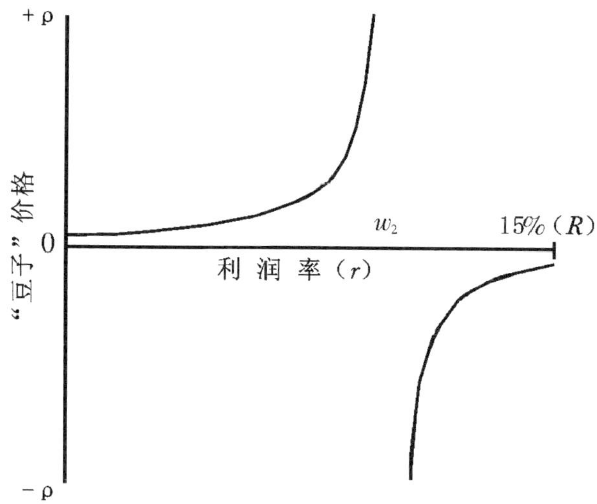

第九图

这样，在一种基本产品情形中，一种商品价格经过无穷大变成负数的对应情形，就不会出现。

这里也使我们想起，我们一直仅仅研究这种假设的关系，这种假设是，一种商品所有单位的价格都是统一的，并且对于所有生产资料的利润率也都是统一的。在所考察的情形中，如果利润率是百分之十，或者高于百分之十，这些条件就不可能得到满足。但是如果“豆子”生产者售出豆子的价格，高于豆子作为生产资料在账簿上作价的价格，豆子仍然可以生产和销售而获得一种通常的利润。

丙　一种“基本体系”的设计①

这是第 62—63 节的一个脚注，打算简要地说明在为多种商品方程建立标准产品中，为什么认为，当作一个初步，把这些方程转化为基本方程是适宜的，而不直接就原来体系进行运算。

这种习作的目的，在于识别适合于经济观点的 R 的特定数值。一旦去掉非基本产品(如通过基本方程所实行的)，就可以判明这是 R 的可能数值之最低者。

但是，如果不能去掉非基本产品，由于那些非基本产品在产品和生产资料中出现，会产生另外的 R 数值。这一类 R 数值会有这种特点，即和它对应的所有商品价格会是零(对于每一 R 数值，一种非基本产品或一群相互联系的非基本产品的价格除外)。从一个经济体系的观点来看，这样的 R 数值毫无意义，因此必须抛弃。但是，其中之一也许是所有数值之最低者(如在有关单一产品体系的附录乙中所举的例子)，而单单这个可能性，会使识别 R 数值在经济上是有意义的这一标准归于失败。要克服这一困难，必须根据上述的特点区别两类 R 数值；这种做法似乎比本书中所采用的更为麻烦。

丁　参考文献

1. 在重农主义和李嘉图著作中作为一种循环过程的生产

这本书和老的古典经济学家学说的关系，在序言中已经提到

① 参看第 63 节脚注。

了。对于一些特殊论点的来源也许不大明显，在这里加上对这些论点的少数参考书。

生产和消费体系作为一种循环过程的最初图式，当然是在魁奈的《经济表》中发现的，这种循环过程不是一种单行道，从“生产要素”引到“消费品”，它和近代经济学说提出的观点形成显著对比。

李嘉图想出的一种方法（如果接受我们对他的《政治经济学及赋税原理》所写的导论中所做的解释[①]）是，挑出谷物作为对它自己生产和对所有其他商品生产都需要的一种产品。结果是，谷物生产者利润率的决定，不取决于价值，而仅仅通过生产资料一方的实物数量对产品一方的实物数量的比较，这生产资料和产品二者的组成都是相同的商品；并且李嘉图的结论就是以这一点为基础，他的结论是：“正是农业资本家的利润规定所有其他行业的利润。”用另外方式说，按照本书中所用的术语，谷物在所研究的经济中是唯一的“基本产品”。

（也许应该说，只有当标准体系以及基本产品和非基本产品之间的区别在这个研究中浮现出来时，对李嘉图学说的上述解释才成为一种当然的结论。）

因此，李嘉图关于农业资本家利润超支配作用的观点，似乎和重农主义的“纯产品”学说有接触点，如果我们理解纯产品学说，如

① 《李嘉图著作和通信集》（英文版）第1卷，“导论”，第xxxi—xxxii页。（李嘉图：《政治经济学及赋税原理》，商务印书馆1962年版，第381—382页。）

同马克思所指出的，[①]是基于农业中剩余的“实物”性质，它表现为生产的粮食超过作为生产垫支的粮食；但在工业中，粮食和原料必须从农业购买得来，剩余只能作为出售产品的结果而出现。

2. 价值的标准尺度和“支配的劳动”

价值的标准尺度是两个极端之间的中数这个概念（第 17 节以下），也是李嘉图的；[②]但令人惊异的是，这本书中从这个概念发展出来的标准商品，会被认为是相当于某种很接近于亚当·斯密所提出的标准，即“支配的劳动”[③]（第 43 节），对于这个标准，李嘉图本人是极为反对的。

3. 最大利润率

对应一种零数工资的最大利润率观念，是马克思提出来的，直接地通过一种关于“即使工人能够凭空气生活”，[④]利润率也有下降可能性的偶然暗示；但是更一般地是由于马克思大力地反对亚当·斯密和他以后其他人的这种论点，即各种商品的价格，“或者立即地或者最后地”全部分解（就是说，不留下任何一点商品余数）为工资、利润和地租[⑤]——这种论点必然首先假定，除土地外，不

---

① 《剩余价值学术史》（德文版）第 1 卷，第 36 页；第 3 卷，第 134 页脚注。（三联书店 1957 年版，第 1 卷，第 39 页；第 3 卷，第 131 页注 10。）

② 《李嘉图著作和通信集》第 1 卷，“导论”，第 xliv 页。（李嘉图：《政治经济学及赋税原理》，商务印书馆 1962 年版，第 392 页。）

③ 《国富论》（英文版），第 1 编，第 5 章；坎南订注版，第 1 卷，第 35 页。

④ 《资本论》第 3 卷，第 15 章，第 2 节，英文克尔版，第 290 页。（人民出版社 1953 年版，第 294 页。）

⑤ 《资本论》第 3 卷，第 49 章，第 979、981 页及以下各页。（人民出版社 1953 年版，第 1102、1104 页及以下各页。）参阅《国富论》，第 1 编，第 6 章；坎南订注版，第 1 卷，第 52 页。

用生产资料而由纯粹劳动生产的“最后”商品的存在，因此，这种论点和利润率上升有一个固定限度不能相容。

4. 作为联合产品的余剩固定资本

把年终固定资本余剩部分作为一种联合产品的想法，如果根据工业生产不断涌出的情景来看，似乎是不自然的。但是这种想法易于适合农业体系的古典图式，那里的年产品，用亚当·斯密的话来说，自然地分为两部分，一部分用于更新资本，另一部分成为收入。① 但是亚当·斯密把固定资本排除在年产品之外。② 只是在李嘉图把这种复杂情形——即使用固定资本的比例不同，对价值决定有影响——揭露以后，这里所说的想法才被采用。这种想法首先是由托仑斯(R. Torrens)在批判李嘉图学说时提出的。在说明他自己独特的理论时——按照这种理论，“使用同等资本所得到的结果，在价值上是相等的”——托仑斯用例子表明，只要“这些结果”，除包括按普通意义而言的产品，例如“毛织品”而外，还包括“在毛织品的制造中使用的固定资本的余剩部分”，③他的理论就得到证实。

此后这个方法得到一般的采用，即使反对托仑斯学说的人也采用；首先李嘉图在他的《原理》④第三版中采用，接着马尔萨斯在

① 《资本论》，第 2 编，第 3 章；坎南订注版，第 1 卷，第 272 页。

② 同上书，第 2 编，第 2 章；坎南订注版，第 1 卷，第 272 页。

③ 《对李嘉图先生交换价值学说的批判》，《爱丁堡杂志》，1818 年 10 月号，第 336 页；参阅托仑斯：《论财富的生产》，1821 年版，第 28 页。

④ 在一段中，李嘉图把“谷物”的价值同“棉织品织造者的机器和棉织品合起来”的价值比较，《原理》第 3 版(1821 年)；《李嘉图著作和通信集》第 1 卷，第 33 页。(李嘉图：《政治经济学及赋税原理》，商务印书馆 1962 年版，第 26 页。)

《价值的尺度》[1]中采用，以后为马克思[2]采用，但再以后则以乎湮没无闻。

① 1823年出版，第11页（商务印书馆1962年版，第5页。）；参阅马尔萨斯死后出版的《政治经济学原理》，第2版（1836年），第269页。（商务印书馆1962年版，第225页）

② 《资本论》第1卷，第9章，第1节，莫尔和爱威林英文译本，第195页，引证马尔萨斯文（人民出版社1953年版，第237页）；并参阅《剩余价值学说史》（德文版）第3卷，第77页，引证托仑斯文。（三联1957年版，第3卷，第79页。）

图书在版编目(CIP)数据

用商品生产商品:经济理论批判绪论/(英)斯拉法著;巫宝三译.—北京:商务印书馆,2017
(汉译世界学术名著丛书:120年纪念版:珍藏本)
ISBN 978-7-100-14147-5

Ⅰ.①用… Ⅱ.①斯… ②巫… Ⅲ.①商品经济—经济学 Ⅳ.①F031

中国版本图书馆CIP数据核字(2017)第137875号

汉译世界学术名著丛书
(120年纪念版·珍藏本)
用商品生产商品
——经济理论批判绪论
〔英〕斯拉法 著
巫宝三 译

商 务 印 书 馆 出 版
(北京王府井大街36号 邮政编码100710)
商 务 印 书 馆 发 行
南京爱德印刷有限公司印刷
ISBN 978-7-100-14147-5

2017年12月第1版 开本710×1000 1/16
2017年12月第1次印刷 印张7
定价:40.00元